JN007272

日本の
アーティストを
売り込め!

実 践 者 が 明 かす

海外攻略の
全ノウハウ

日経BP

はじめに

　私がなぜ本書を書く決断をしたのか。理由は2つある。1つは20年以上培ってきた海外、特にアジア市場でのビジネス経験をこの機会に体系化し、今後海外に打って出ようとするミュージシャンやスタッフの背中を押したいと思ったから。海外に打って出たいがどこから手を付けていいか分からない、という声が関係者から聞こえてくることがある。そうしたスタッフやミュージシャンのためのソリューションの一助に本書がなればと思う。

　もう1つは、業界関係者に対し海外ビジネスを実践的に啓発したいと思ったのである。中国での興行を一緒に仕掛けた日本の関係者がおり、当時彼にとって初めての中国ビジネスだったが、興行やビザ申請に関する手続きと開始時期を事前に伝えていたにもかかわらず、時期が近づくと、『アーティスト本人のパスポート原本が必要なのは知らなかった』とか『個人情報なので原本は渡せないと事務所から言われた』など、少しばかり不平不満を言われた。口論になった揚げ句、だったら中国ビザ申請含めた海外興行手続きに関連するA to Zをこちらで文章にしてまとめればいいんだ、と強く思ったわけである。

　はっきり言って、海外ビジネスは労多くして実少なし、かもしれない。
　実際この20年間関わってきて、つらいとか苦しいと思ったことは多々あれど（喜びやうれしさも数知れない）、大金を稼ぎだして会社に大もうけさせた記憶はそう多くない。
　実際、海外のビジネスは日本人にとって苦手な分野かもしれない。
　商社など海外ビジネスを専門とするビジネスパーソンは別として、エンタテインメント、特に音楽業界にとっての海外ビジネスとは、長らく日本国内への情報出しの場であった。すなわち、台湾でライブを開催し

たことが日本のメディアを通じて人々に「あのアーティストは海外でライブをやったのだ。すごい！」と思わせ、CD売り上げや認知度を増やすことが第1目的であった。はなから海外ではCDもコンサートももうからないと思われてきた。実際に成功例がほとんどなかったからだ。そうした背景をずっと垣間見てきただけに、海外ビジネスに携わる音楽業界のスタッフはいわゆる"商社マン"ではなく一宣伝担当としてしか評価されないのか、と自分自身歯がゆい思いをしてきた。

ところが、昨今の音楽業界はCDの売り上げが落ち込んだ分、コンサートやマーチャンダイズ（アーティストの関連グッズ）にビジネスの重きを置くようになり、海外にもビジネスチャンスを見いだすようになってきた。

私自身、立場がレコード会社の宣伝マンから、コンサート業界の商社マンにようやくなれたかなと、ここ数年で思えてくるようになり、付随する海外からのギャラ額に比例して一層自信が付いてきた。

日本のアーティストも捨てたものではないと思っているし、K-POPを日本が強く受容するように、J-POPをはじめとする日本のエンタメが海外に受け入れられ、ビジネスとして成立する手応えを感じている。欲をいえば、海外のエンタメも日本はもっと受け入れるべきではないかと感じている。そこは私個人として微力ながらも貢献していきたい分野だと痛切に思っている。

本書は終章を含む全10章からなる。海外でコンサートを実現したいと思っているミュージシャンや事務所スタッフの目線で、実現に近づけるための実際的な手続きも記載させていただいたつもりである。本書記載の内容がすべてではないが、お読みいただくことで、いかに海外ビジネスが煩雑で、それでいてやりがいのある仕事か、お分かりいただければ

と思う。エンタメ業界に興味を持つ一般読者の方にとっては、海外での
J-POP市場や音楽事情を垣間見ることのできる、興味深い読み物として
手に取っていただければこれに勝る喜びはない。なお、本書は海外と一
口に言及しているものの、ほぼアジアに特化した内容になっている。そ
れは私が長年アジア市場を主業務にしてきた経緯と今後もアジアを主軸
にビジネスを行うつもりだからだ。欧米に特化したエンタメ市場に関し
ては、その道の有識者の著書を手に取っていただきたい。そして、本書
に書かれたデータや数字は年月の経過や各国の情勢によって刻々と変化
するので、くれぐれもご留意されたい。

　では、苦しみと喜びが織り交ざった、海外ビジネスの入り口にようこ
こそ！

関根直樹

Contents

1 章

「もう音楽は売れない」は

ウソ

V字回復に向かう音楽市場

　この10年あまり、日本の音楽業界では昔に比べてCDの売り上げが激減したとか音楽配信にシフトした結果、実入りが少なくなったという声がよく飛び交っている。

　実際問題、日本の音楽ソフトの売上額、売上枚数はともに1998年のピーク時から減少の一途をたどっており、2017年の売り上げはピーク時に比べると3分の1以下となっている。しかし一方で音楽配信、特にストリーミングやサブスクリプションサービスが認知、利用されつつある結果、売り上げ曲線は徐々にではあるが回復してきている。ただし2020年に関しては、コロナ禍による音楽ビデオ、オーディオレコードの売り上げ減が影響し、売り上げ実績としては前年割れしてしまっている。

　ストリーミング人口は年々増加しており、ダウンロードに比べると1曲当たりの売上額は小さいが、音楽に接触する絶対人口は増えていると思われる。2020年度の音楽配信売り上げは783億円。うち、ストリーミ

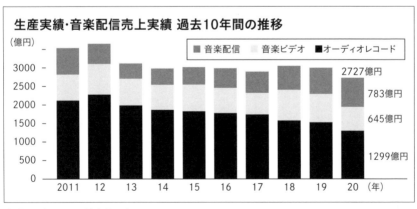

生産実績・音楽配信売上実績 過去10年間の推移

出所：日本レコード協会（RIAJ）

ングは75.3％の589億円となっている。

　総じて、すべての形態を総称した音楽売り上げは減っているものの、音楽人口は減るどころか増えているのではないか、と感じている。

　さて、海外に目を転じると、音楽売り上げのV字回復ぶりが鮮明に分かる。

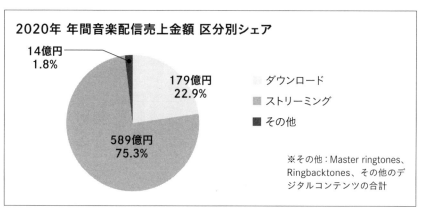

2020年 年間音楽配信売上金額 区分別シェア

14億円 1.8%
179億円 22.9%
589億円 75.3%

ダウンロード
ストリーミング
その他

※その他：Master ringtones、Ringbacktones、その他のデジタルコンテンツの合計

出所：日本レコード協会（RIAJ）

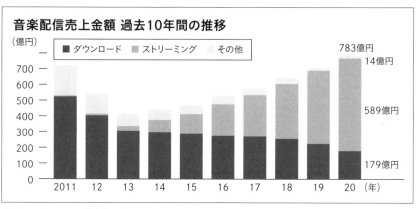

音楽配信売上金額 過去10年間の推移

（億円）
■ダウンロード　■ストリーミング　■その他

783億円
14億円
589億円
179億円

2011　12　13　14　15　16　17　18　19　20　（年）

出所：日本レコード協会（RIAJ）

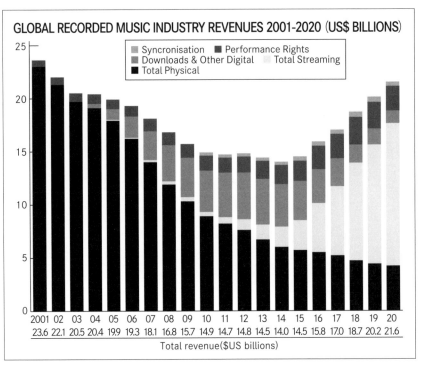

出所：IFPI Global Recorded Music Industry Revenues 2001-2020 (US$ Billions)

　一方で、いかに日本の音楽業界が健全か分かる。北米、欧州、アジアの
どこに行ってもCDショップを見かけることはほぼない。既にCDとい
う音楽商品は世界から消え去っていると言っていい。日本の音楽パッケ
ージ市場は現在世界で1位なのだ。15ページ上図が示す通り、日本に次
いでCDが売れると言われたドイツも2018年にはストリーミングの売上
がCDを上回った。イギリスやフランスは言わずもがなであり、いまだに
CD売り上げが配信に勝っているのは世界で唯一日本だけである。日本
人は一説には所有欲の強い国民性と言われている。海外に比して日本に
はコレクターが多いのもその表れかもしれない。海外で主流の音楽商品
は、やはりストリーミング。各国の音楽市場でそのシェアは圧倒的に高い。

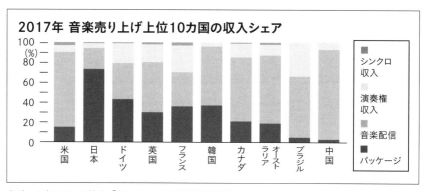

出所：日本レコード協会『The Record』2018年6月号

●世界の音楽売上金額トップ10カ国

1.米国　2.日本　3.英国　4.ドイツ　5.フランス
6.韓国　7.中国　8.カナダ　9.オーストラリア　10.オランダ

出所：IFPI Global music report 2020

　これまで語ってきたのは音楽商品（モノ）だが、音楽興行（コト）においては国内、海外ともに伸びを示している。以下は日本で行われている公演の年間売上額推移である。

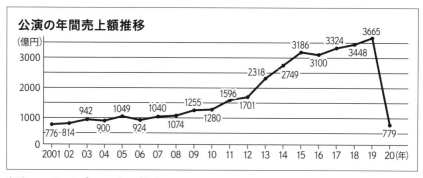

出所：コンサートプロモーターズ協会

日本では音楽フェスティバルや関連イベントの数が自治体からの後押しもあって増加傾向にある。この20年間で日本の3大音楽フェスティバルといわれる「FUJI ROCK FESTIVAL」、「サマーソニック」「ROCK IN JAPAN FESTIVAL」に加え、「Rising Sun Rock Festival」、「VIVA LA ROCK」など全国各地で音楽フェスが産声を上げ、成長し、今や確立されたイベントとなった。

　イベントでは自分のお目当てのバンドやアーティストを見に行った際偶然出会った見知らぬアーティストと出会う楽しみや、仲間と連れ立ってキャンプする遠足の延長のような喜びなど、フェスならではのエンタテインメントが用意されている。限定グッズもあればスペシャルドリンクやフェス飯と呼ばれるグルメも提供され、もはや音楽だけを目当てに足を運ぶという感覚ではない。

　海外でも「Coachella Valley Music and Arts Festival」*（米国）、「Glastonbury Festival」*（英国）など主要フェスティバルに加え、「Megaport Festival」*（台湾）、「Clockenflap」*（香港）、「Strawberry Music Festival」*（中国大陸）など、世界中の若者にとって音楽に触れる機会が増えているのは音楽業界にとって健全なことだと思う。

日本最大級の野外ロックフェス「FUJI ROCK FESTIVAL」　写真／共同通信社

「Megaport Festival」（台湾）　写真／Megaport Festival, Taiwan

「Clockenflap 2018」（香港）　写真／Kitmin Lee

「Strawberry Music Festival」（中国大陸）　写真／Modern Sky

1-2

自治体の町おこしにとって
フェスは重要な戦略

　前節でさっと触れたが、フェスティバルは自治体の観光誘致にとって非常に有効な手段となっている。音楽フェスティバルは言い換えればクール

「イナズマロックフェス」　写真／イナズマロック フェス 2018 実行委員会

「世界コスプレサミット」　写真／共同通信社

な「盆踊り」と言い切れなくもない。世界を席巻した「EDM（Electric Dance Music）」はいわばテンポを極端に早めた「音頭」ではないか。町内で行われる太鼓のビートに引かれて輪になって浴衣で踊っているのが盆踊りなら、蛍光色の水着を着て都会の一角でDJにあおられてビール片手に踊るのがEDMといえる。

　ちょっと脱線するが、現在日本の各自治体で行われている町おこしイベントで成功している一例をご紹介したい。

「イナズマロックフェス」*は、ミュージシャンの西川貴教が地元滋賀県を元気にする目的で2009年に始めた。滋賀県琵琶湖周辺の特設ステージで2日間にわたり行われ動員数は10万人。主催者である西川貴教はもとより、滋賀県知事や草津町長によるごあいさつとともに始まるフェスティバルでは、フードスタンドに地元グルメのサラダパンなどが並び、琵琶湖クリーンをメッセージに環境保護まで打ち出している。時節柄台風や雷に遭い、過去開催中止を余儀なくされたこともあったが、自治体や地元を上手に巻き込んでいる成功したフェスティバルといえる。
　グルメフェスでは駒沢公園で毎年5月に行われる「東京ラーメンショー」*、コスプレフェスでは名古屋大須で毎年8月に開催される「世界コスプレサミット」*などが盛況だ。

　世界35カ国から参加、各国の予選を勝ち抜いたえりすぐりのコスプレイヤーが名古屋に会し、一目その模様を見に来場する日本各地からのファンも含め動員規模は30万人に膨れ上がっている。
　当初はホームページもさほど充実しておらず小規模だったが、今や日本政府がバックアップ、全日空やNTTドコモなど日本の大手企業も協賛や後援に付いている一大イベントとなった。各国の優勝者を応援するためわざわざブラジルやイタリアから駆け付けるファンやサポーターな

どが落とす旅費は相当な額になると思われ、愛知県のインバウンドビジネスに大きく寄与していると考えられる。

　以上一例をご紹介したが、これ以外にも「ファッション」「アニメ聖地」「農林水産業」「景観」「文化施設」「美術」「ゆるキャラ」などで地元誘致を促す自治体は多々ある。アニメツーリズム協会が指定した「訪れてみたい日本のアニメ聖地88」*というホームページも存在している。

訪れてみたい日本のアニメ聖地88

　また「みんなの経済新聞」*という日本の各県・都市のイベントを紹介するニュースサイトがあるが、これを見ていると、国内外から観光客を誘致するためにさまざまなイベントが開催されていることがよく分かる。

1-3

これからの日本にとって、
アジア市場を見据えるのは当たり前

　このように各自治体が地元を元気にするためフェスを積極的に取り入れているのがお分かりいただけたと思う。しかし、ここで問題点が提起される。果たして日本国内だけで十分な需要喚起が成立するのか。

人口ピラミッド

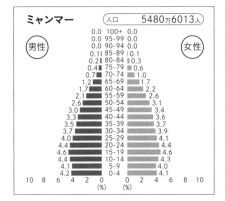

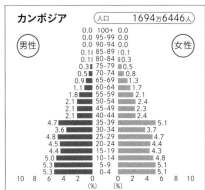

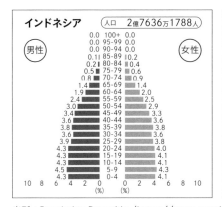

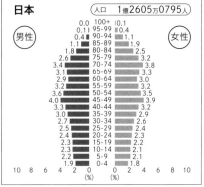

出所：Population Pyramids（https://www.populationpyramid.net/）

日本の人口は現在1億3000万人だが、高未婚率、少子化のため2050年には9500万人まで減少するといわれている。さらに、2060年には日本で65歳以上が占める割合が39.9％になる予想である。こうした未曽有の状況下、日本国内の経済や労働を外国人に委ねることが必然となってくる。よって、われわれ日本人は日本が保有するさまざまな魅力を海外の人たちにアピールして、彼らに観光客や労働者として来日してもらわなくてはいけない。われわれが日本の素晴らしさを伝えるべく海外を訪れる必要も生じてくる。

　広義の日本文化、そこにはポップカルチャーから飲食、ファッション、工芸品、伝統文化に至るすべてが含まれるが、私がこれまで携わってきた日本の音楽やアーティストは、海外に伝えるべき固有の文化であり、計り知れない波及力、感染力をもっていると考えている。

　アジアの国々は身近な海外で、人口や年齢分布を見ても分かるように、これからの日本にとって欠かせない市場である。ざっと見ても日本より人口の多い国が5つ（中国：14.4億人、インド：13.8億人、インドネシア：2.7億人、パキスタン：2.2億人、バングラデシュ：1.6億人）あり、人口ボーナスで考えると平均年齢が20代の国は5つもある（フィリピン、カンボジア、ラオス、インドネシア、ミャンマー）。＊Statista2020に基づく

　シニア向けビジネスはこれからの日本の課題であるが、アジアにとっては若年層向けのポップカルチャーを受け入れる土壌がまだまだ見込める有望な市場なのである。

　さて、そのアジア市場。日本人も含め本来アジア人なのだが、日本人のマインドには、昔からどうも欧米志向が強く見受けられるように思える。連合国に敗戦し戦後米国の進駐軍からガムやチョコレートをもらったころから精神支配されてきた歴史なのだろうか。ポピュラー音楽史においても、欧米の音楽やアーティストに影響を受けてきた日本人は多いが、アジアのポップミュージックに感銘を受けたり、アジアアーティス

トの名前を口にしたりする日本人アーティストは知る限りほとんどいない。確かに1970〜90年代のアジアンポップスは、日本のポピュラー音楽と比べ、シンガー・ソングライターや作家が限られており、楽曲が量産されず、歌唱するアーティストも少なかった。そのため日本の楽曲をカバー、あたかも自作曲のように歌っていた歌手が脚光を浴びていた時代だ。

　今でも現役で香港の四天王と言われている、レオン・ライ、ジャッキー・チュン、アーロン・クウォック、アンディ・ラウはみな、現地の作家によるオリジナル楽曲を歌唱していたが、一方で日本の佳曲もカバー、持ち前のルックスと歌唱力で注目を集めていった。

　そんな中、シンガポールのディック・リーは、オリジナル曲ばかりで構成されたアルバム『マッド・チャイナマン』で日本のワールド・ミュージックシーンに堂々と躍り出た。フィリピンのバンド、スモーキー・マウンテンもメッセージ性の強いオリジナルロックを表現、日本でも名が知れていった数少ないアジア人アーティストである。

　しかし2000年代に入るとアジアの音楽シーンは徐々に日本にもアプローチを仕掛けてくる。台湾の4人組アイドルF4が『流星花園』というドラマで一躍デビュー、瞬く間にアジア中のアイドルとなっていった。日本でもドラマが放送され、F4の人気は歴史的快挙となった。香港の歌姫フェイ・ウォンはもともと女優としても活躍していたが、RPG『ファイナルファンタジー』のテーマ曲が日本でも話題となり、武道館公演を成功。続く台湾アーティストのジェイ・チョウも映画『イニシャルD』に出演したことで認知度が高まり、武道館公演を2日間成功させた。最近では台湾の頂点に立つロックバンドのMAYDAY（五月天）がアミューズ所属のバンド、ポルノグラフィティやflumpoolとコラボレーションを行い、武道館公演を行っている。もちろん、K-POPは言うまでもなく映画、ドラマから大ヒット、いまや日本で不動のジャンルとして確立されている。

さて、前述したアーティストたちがアジア以外の海外で公演を成功させているのはご存じだろうか。ジェイ・チョウやMAYDAY（五月天）はニューヨークのマジソンスクエアガーデンの公演を何度も行い、米国ツアー、欧州ツアーも何度となく行っている。しかも各会場数千人単位で集客しているのだ。それはまさに日本人アーティストが何度も挑戦し、成し遂げられていない夢である。

　2013年にデビューした韓国の男性アイドルグループBTS（防弾少年団）に至っては、オリジナルアルバムがビルボードアルバムチャート200で初登場1位になり、ワールドツアーを何度も行うという快挙ぶり。2020年実施の“MAP OF THE SOUL TOUR”（新型コロナウイルス感染拡大のため翌年に延期）ではアジア、北米、欧州計37公演をスタジアム規模で行うという、アジア人アーティストとしては最初で最大の大掛かりなツアーを実施できている事実にただ驚くばかりだ。
　私がここで伝えたいことは、1つ。「今アジア市場に進出しておかないと、日本人アーティストはアジアから、そして世界から取り残される」という危機感である。後述するが、今のアジアには日本人アーティストと引けを取らないテクニックや歌唱力、そしてオリジナリティーを持ったシンガーやバンドが多数存在する。まず彼らを知り、お互いに興味を持てたら、レコーディングやステージで合作するなどして、アジアアーティストと協業していくことが世界進出の近道ではないかと思っている。

＊（注）
「Coachella Valley Music and Arts Festival」（米国）　https://www.coachella.com/home/
「Glastonbury Festival」（英国）　https://www.glastonburyfestivals.co.uk/
「Megaport Festival」（台湾）　http://www.megaportfest.com/
「Clockenflap」（香港）　http://www.clockenflap.com/
「Strawberry Music Festival」（中国大陸）　https://www.modernsky.com/
「イナズマロックフェス」　https://inazumarock.com/

「東京ラーメンショー」 http://www.ramenshow.com/
「世界コスプレサミット」 http://www.worldcosplaysummit.jp/
「訪れてみたい日本のアニメ聖地88」 https://animetourism88.com/ja/88AnimeSpot
「みんなの経済新聞」 https://minkei.net/

2 章

日本人アーティストの
海外進出経緯

欧米に見いだされた
日本人アーティスト（1960〜80年代）

　比較的若い読者の方にとっては知られざる事実だと思うが、日本の音楽や日本人アーティストが海外で認知され、かの地でライブを開催するようになったのは、この10年、20年の話ではない。

　坂本九がリリースした『上を向いて歩こう』という曲がある。日本では1961年にリリースされ大ヒットしたこの曲は、『SUKIYAKI』として、62年に英国でケニー・ボールによる歌詞のないインストゥルメンタル（ディキシーランド・ジャズ・アレンジ）曲としてリリースされ、全英チャートで10位にランクインした。が、米国ではヒットしなかった。

　ところが、偶然に坂本本人の歌唱によるシングルを入手したカリフォルニア州フレズノのDJが紹介したところ、問い合わせが殺到、それを受けて当時キャピトルレコードのA&Rマンだったデイヴ・デクスター・ジュニアにより翌年5月3日に全米リリースされた。すると、5月11日付けビルボードHot100で79位に登場後、コンスタントに順位を上げ、79位→45位→20位→10位→2位→1位→1位→1位→2位→6位→8位→14位→18位→37位と、8月10日付けまで、実に3カ月間14週にわたってチャートインし続けた。これにより同年イヤーエンド・チャートでも13位を獲得した。

　なぜヒットしたのか、確実な理由はいまだにひもとかれていないが、一つには、とてもシンプルで分かりやすいメロディーが国境を越えて普遍性を包含していたのではないか。また当時、朝鮮戦争に出兵した米国の兵士が日本滞在中、日本人に手厚い接待を受けたため、日本に対して懐かしさや好印象があったのではないか。さらには、最初にインストゥルメンタル曲としてカバー、ヒットしたために日本語詞に対する抵抗感が

薄まったのではないか、と諸説いわれている。

　いずれにおいても、この時代に『SUKIYAKI』がヒットしたことは、日本の音楽がマーケティングに基づいて正当に評価されたというよりは、日本という国への神秘性や興味も相まって生まれた結果であったと思われる。本気でビルボードチャートを狙っていこうと思ったら、当時の発想ではまず日本語詞で勝負を挑もうとは思わなかったと推測されるのだ。

　一方、米国で成功した坂本九を後追いするかのように、双子の女性デュオ、ザ・ピーナッツが海外進出を果たす。芸能事務所渡辺プロダクションを夫婦で設立した渡邊晋社長と美佐副社長にとって「日本の音楽を世界に」は最初から目標としていた夢であった。59年にデビューしたザ・ピーナッツは、着実に国内市場を広げていきながら、3枚目のシングル『情熱の花』で世界進出の機会を得る。

　この曲は当時ドイツを中心に欧州で活動の幅を広げていたカテリーナ・ヴァレンテのオリジナル曲のカバーだった。このカバーをきっかけにヴァレンテ本人とも知り合い、63年に欧州のテレビ局から「カテリーナ・

『SUKIYAKI』がヒットした坂本九
写真／共同通信社

ヴァレンテ・ショー」出演のオファーを得る。そこで『情熱の花』を歌唱し、ザ・ピーナッツの欧州での認知度は一気に高まった。

帰国後、渡邊美佐は海外でも通用する日本オリジナル楽曲の必要性を感じ、宮川泰に曲を依頼、出来たのが『ウナ・セラ・ディ・東京』だった。同曲はカテリーナ・ヴァレンテやイタリアの人気歌手ミルバがカバーして、レコード化された。64年にはドイツの番組に出演するためミュンヘンに1カ月滞在、歌あり、踊りあり、パントマイムありの音楽バラエティー番組で英語やドイツ語の曲を十数曲歌唱した。

66年には米国の高視聴率番組「エド・サリヴァン・ショー」に出演、そして「ダニー・ケイ・ショー」出演枠を獲得、1カ月間ロサンゼルスでボイス・トレーニングとダンスレッスンに注力し、英語の歌唱とトークまでみっちり稽古に励んだのだった。

ザ・ピーナッツにおいては、坂本九のようなビルボードチャート1位という華々しい記録はない。しかし、先述したよう所属事務所による意欲的かつ戦略的なアプローチで海外への足掛かりを築き、現地で腰の据えた活動を行い、結果的に欧米進出成功を勝ち得た例として、その足跡は日本の音楽業界の海外展開史において長きにわたり記憶に残るものとなるであろう。

70年代に入り、日本のオリジナルロックが登場。はっぴいえんどは日本語でロックを行った日本初のバンドといわれている。時を同じくして異なるサウンドアプローチでデビューしたサディスティック・ミカ・バンドは、ファッションセンスや独特のメロディーがウケたのか、欧州で自然発生的に人気が出てくる。そして、今では信じられないが、ROXY MUSICの「Silen Tour」の英国ツアーにオープングアクトとして出演。英国内で10カ所18公演のライブパフォーマンスを行った。

　はっぴいえんど解散後、ベーシストの細野晴臣は当時サディスティック・ミカ・バンドを経てファッション業界にいた高橋幸宏、東京芸大出身の「教授」こと坂本龍一とともにイエロー・マジック・オーケストラ、YMOを結成、当時の最先端機材と楽器を駆使しテクノポップという新たなジャンルを確立した。ジャケットから奇抜で、当時の若者はテクノカットというもみ上げを横長に鋭角カットするヘアスタイルで通りを闊歩（かっぽ）した。彼らの活動は海外からも多く取り上げられ、人気が飛び火、やがてワールドツアーを2度も実施するようになる。

　YMOのケースは、演者もスタッフもともに戦略的なアプローチで海外を狙っていったのではと推察される。世界中の誰もが知るザ・ビートルズの『デイ・トリッパー』をカバーしたり、英語詞で表現したり、アーティスト名が摩訶不思議なアジア人のメタファーになっていたりと、海外戦略をにおわせる仕掛けがふんだんに盛り込まれているからだ。

　70年代後半になるとアイドルデュオのピンク・レディーが、80年代になると独特のリーゼントスタイルとファッションそして和風ロックンロールで一斉を風靡（ふうび）したバンド「キャロル」のボーカル矢沢永吉や、和製ヘヴィメタルバンドの草分けLOUDNESSがそれぞれ全く違うアプローチと戦略で米国を目指した。私自身、87年に米ミズーリ州の田舎町に留学していた際、町のレコード店でE.YAZAWAとLOUDNESSのカセットテープを見つけたときの驚きと喜びは、今でも鮮明に記憶している。

意識的に欧米を目指した
日本人アーティスト（1990年代）

　1980年代後半から2000年代にかけて、多くの日本人アーティストが米国を意識的に目指した。NOKKO、久保田利伸、松田聖子、DREAMS COME TRUE、宇多田ヒカルなど日本のビッグネームアーティストは満を持してアメリカンドリームを体現しようと英語を駆使し、トッププロデューサーを起用して、ビルボードチャート上位を狙っていった。しかし、結果的には坂本九のようなチャート上位は達成できなかった。

　一方、当時米国在住の女性デュオ、チボ・マットがどこからともなく脚光を浴び、逆輸入の形で日本デビューを果たした。1990年代中盤には渋谷系音楽のはしりとなったピチカート・ファイヴが、日本語の歌詞のまま欧米で人気を博し、ツアーを何度も行うこととなる。小山田圭吾率いるコーネリアスも米国ツアーの回を重ね、今では当たり前のようにファンベースが構築されている。

　欧州では英国で当時記録的アルバムセールスを達成したバンド、シンプリー・レッドのドラマーとして屋敷豪太が異彩を放った。その後、屋敷は米国でアルバムをリリース。ビルボードチャート上位までは至らなかったものの、現地の業界人からは作品に対して好評価を受けた。

　このように、欧米での日本人アーティスト成功事例は、意識的に市場を狙っていっても容易ではないことが分かる。それは現地の言語、音楽スタイルやアプローチに寄り添おうとした日本の音楽が、当時の欧米人にとって、かえってオリジナルなものとして感じられなかったためかもしれない。

アジアで日本の楽曲が
独り歩き（1970〜80年代全般）

　目をアジアに転じよう。アジア、特に1980年代の台湾、香港などの中華圏ではシンガー・ソングライターや作家の数が限られていたため、良質のポップスを海外に求め、これらの楽曲をローカルアーティストがカバーするという傾向があった。当時の日本はニュー・ミュージックの真っ盛り。すなわち、シンガー・ソングライターが自作自演でライブを行うのが一種のトレンドであった。中でも中島みゆき、CHAGE and ASKA、オフコース、徳永英明、安全地帯、サザンオールスターズなど、バラードを自作曲に多く持つアーティストの楽曲は、台湾や香港のシンガーによって現地語カバーされ、媒体を通じて広まっていった。そして、それはあたかも彼ら中華圏アーティストのオリジナル曲として現地の人々に認知され、ヒットしていったのである。

　70〜80年代にカバーされた日本人アーティストの楽曲は実に多い。演歌歌手の細川たかしの『心残り』は実に6人*の中華圏シンガーによってカバーされている。当時は日本の音楽出版社（作詞家や作曲家の著作権を管理する会社）は現地の音楽出版社からカバー曲の申請を受けることはなく、中華圏アーティストにより許諾なく勝手にカバーされヒットしていた時代である。この点だけを抽出すると著作権法違反となり決して好ましくない話なのだが、こうした日本の楽曲の独り歩きが、その後の日本人アーティストのアジア圏進出にとって非常に大きな動機付けとなっていくのである。

　＊（注）我的中国歌1000
　http://stuartjapan.blog96.fc2.com/blog-entry-434.html

戦略的に
アジアに仕掛けていく（1990年代）

　1990年代になるとアジアでも著作権に対する理解や意識が徐々に高まり、音楽出版社や著作権管理団体が各国で次々に生まれていった。それに呼応するように、日本の音楽出版社は現地でカバーされた管理楽曲に対して、著作権使用料をアジア各国で徴収していくようになった。そして、これまで無意識的に中華圏アーティストに楽曲をカバーさせていた彼らは、現地での日本語楽曲のカバー需要が高いのに着目、意識的、戦略的に楽曲カバーを仕掛けていったのだ。

　本格的に台湾市場に進出した最初の日本人アーティストとして当時ホリプロ所属の千葉美加が挙げられる。彼女は1990年に台湾で『頑皮・MIKA・青春起飛』というデビュー盤をリリース、カセットテープで15万巻のヒットを記録したという。彼女は所属事務所の海外戦略のもと台湾デビューした初の日本人アーティストといえる。

　中華圏ではその後「哈日族」（日本好きの若者たちを表す中国語）の後押しもあり、台湾中心に日本の音楽が積極的に受け入れられていく。具体的には1997年に小室哲哉ファミリーが行った台湾公演や、98年、99年と台湾、香港公演を成功させたPUFFYなどの存在が大きい。
　特に小室による「TK PAN-PACIFIC TOUR '97 IN TAIPEI」（中国名：小室家族'97環太平洋巡回台北演唱會）は安室奈美恵、TRF、globeを招聘（しょうへい）し、野外のサッカー競技場で2日間計5万人を動員。ステージセットも相当に凝った大掛かりな公演であった。
　当時の日本のポップカルチャーやライフスタイルがクールなものとして台湾や香港の若者に受け入れられ、クールなものの1つがJ-POPであ

ったことは、日本の音楽業界にとっても福音だったのではないだろうか。

　コンサートこそ実施しなかったが、音楽商品としてのCDが受容されたのもこの時期。日本ではミリオン、マルチミリオンヒットが続出していたこのころ、台湾だけで10万枚を超える日本人アーティストのCDは数作にも上った。一説には日本国内だけで900万枚以上を売り上げた宇多田ヒカルの『First Love』が、台湾だけで50万枚、アジア全土では100万枚のヒットになったといわれている。

2-5

アジア興行が本格化（2000年代）

　ミレニアムを迎えた頃にはアジアにおけるメディアも機能を多角性から一元性へとシフトし、イベントに着手した労力を本来的な宣伝媒体強化へと向けていった。そしてインターネットの台頭によりケーブルテレビとしてのパワーも徐々に衰退し、興行というビジネスもコンサートプロモーターの登場によって、じわじわと成立し始めた。

　当時はまだ本格的なコンサートホールやライブハウスが存在せず、いわゆる多目的スペースがライブ会場として使用された。

　2010年からの10年間で日本の音楽がアジア、特に台湾を中心とした東アジアで広範囲に広がっていった。受容されているジャンルもビジュアルロック、アニソン、アイドル、ポップと多様性がうかがえる。日本の音楽チャートORICONの情報が台湾などでは容易にキャッチされていること、YouTube、FacebookなどSNSを通じて日本の音楽情報が瞬時に共有されていること、そして日本のアニメ作品がテレビやSNSなどの媒体を介して、ほぼ同時視聴されていることが、こうした追い風を生んだといえる。

海外で最も日本の音楽を受容している台湾では、1年間で100組以上の日本人アーティストが会場の大小問わず有料コンサートやイベント出演を実施している。屋内会場の収容人数ではライブハウスWALLの400人から台北アリーナの1万2000人までとさまざまだ。

　ただ昔と比べて変化が起こったのは、レコード会社の体制と媒体のカラーだ。台湾のレコード会社では、一昔前は洋楽部門に西洋部と東洋部があり、西洋部はいわゆる欧米アーティストの、東洋部は日本人アーティストの音楽商品をリリースする部門であった。それが昨今のCDセールス減少や日本音楽市場の縮小とともに、東洋部がK-POP中心の部門となったり、東洋部自体が消滅、J-POPが西洋部管轄となったりして、同じ担当者が兼任するなど、シェアの縮小ぶりが感じられるようになっている。

　媒体も当時はJ-POP中心の雑誌やテレビ、ラジオ番組が存在していたが徐々に部数や視聴率が下がり、K-POPを主体としたメディアが登場してきた。私の知り合いのテレビ番組のVJやラジオDJは15年前までJ-POPアーティストをゲストとして招くため、片言でも話せるようにと日本語を習っていたのだが、10年前から韓国語を勉強し始めた。これも時代の趨勢によるものなので、仕方がないといえばそれまでだが、やはり寂しいものがある。

　K-POPに押されつつも、ライブ環境が整った好契機を逃すまいとばかりに、スタッフやアーティストが台湾を中心とした東アジアに戦略的に進出を始めたのもこのころである。

ドリームの欧米　ビジネスのアジア

　こうして過去の日本人アーティストの海外進出経緯を見ていくと、時期は異なるが、欧米、アジアともに成功実績のあることがうかがえる。そして最近になればなるほど、日本音楽の受容度はアジア圏でますます高まってきている。もちろん欧米で今後成功するアーティストが日本から登場しないと断定するつもりはない。

　これまでにX JAPANやL'Arc-en-Cielなど日本を代表するロックバンドが欧米ツアーを行って、L'Arc-en-Cielは当時日本人アーティスト初のマジソン・スクエア・ガーデン公演を実施1万2000人を動員した。きゃりーぱみゅぱみゅ、MIYAVIなどもワールドツアーを数回実施している。そしてメタルバンドBABYMETALは2016年、英国のウェンブリー・アリーナ（現The SSE Arena）で日本人初の公演を行った。この会場は収容人数1万4000人で、ビートルズやクイーンなど世界の名だたるアーティストが公演を行ってきた名門の会場。そこで日本人アーテ

2019年10月11日に、米ロサンゼルスのMSG Live and the Forumで行った米国初のアリーナ公演「BABYMETAL METAL GALAXY WORLD TOUR LIVE AT THE FORUM」 Photos by Dana（Distortion）Yavin, © Amuse Inc.

ィストがワンマン公演を実施するなどこれまで夢想だにしなかった衝撃
的なニュースだ。

　さらに2019年には米国ツアーを成功させたり、世界を代表するロック
バンド、レッド・ホット・チリ・ペッパーズのワールドツアーでオープ
ニングアクトを務めるなど、これまでの日本の常識を覆した。ONE OK
ROCKも全米ツアーに加え欧州ツアーも敢行するなど、日本の音楽が興
行という形で欧米で確実に受容されているのだ。

　このように、日本人アーティストの欧米での成功例が積み重なってき
ていると実感する。一方で上記を述べたうえで、そもそも何をもって成
功と認定するのかによって判断は変わってくる。楽曲の配信やダウンロ
ード実績なのか、音楽チャートか、観客動員数か、はたまた興行売上金
額なのか。これだけ音楽のジャンルや楽曲の販売形態が多様化する昨今、
坂本九のようにビルボードチャート1位を獲得するのは至難の業と言わ
ざるを得ない。

　その意味では、観客動員数だけでなく出演費、それも手元に残る本来
的な出演費の額が成功を判断する1つの指標になると思う。通常、出演
費いわゆるギャラは、ステージ制作費、渡航費、リハーサル費、移動費、
場合によっては食費、宿泊費など諸経費が控除されるので、手元に残る
額が時には赤字になるケースもある。その意味では既述した一部のアー
ティストを除き欧米公演で大成功したアーティストは現時点ではほぼ皆
無ではなかろうか。

　確かに1万人規模の会場で公演を実施して、日本円で数千万円相当の
出演費を獲得したアーティストやバンドがいるのは事実だと思うが、こ
れら渡航費やスタッフ経費などを控除したら、手残りがほぼないケース

がほとんどだと推察される。コンサートグッズの売り上げでなんとか利益を出しているのが本音であろう。

　それでも日本のアーティストは欧米市場を目指す。現在われわれが聴いている音楽のルーツであるブルース、ジャズ、カントリー、ロックンロールが生まれビルボードチャートを創立した米国、世界的なバンドであるビートルズやザ・ローリング・ストーンズを生んだ英国。こうしたポップミュージックというジャンルを育んだ欧米市場に魅力を感じ、かの地でのツアー実現を夢見てチャレンジすることに対してはとてもシンパシーを感じる。

　戦後に米国から入ってきたジャズやポップスを吸収した結果、日本のグループサウンズが生まれてきたように、われわれ日本人は常に欧米の影響を少なからず受けている。食、ファッション、そしてライフスタイルを彩る音楽は、いつでも米国からやってくる。しかしながら日本の音楽業界にとって欧米はドリームをかなえる地であり、ビジネスの舞台はアジアだと断言する。そして、そう断言できる理由を3つ挙げたい。

　まず第1に、日本から欧米までの距離は遠くかつ渡航費が高い。日本のアーティストが現在興行可能なアジア圏で一番遠い国はシンガポールやインドネシアで渡航時間7時間程度。韓国や台湾に至っては羽田から2〜3時間で渡航できてしまう。一方、日本から一番近い北米のロサンゼルスは8時間、ニューヨークに至っては12時間くらいの渡航時間を要する。欧州ではモスクワで10時間、ロンドンやパリの場合12時間程度かかってしまう。渡航費もかさんでくる。エコノミークラスの場合、アジア圏は時期にもよるが往復4万〜8万円でチケット購入可能だが、欧米だと10万〜20万円程度かかってしまう。さらに欧米では日付変更線の影響で時差があるため往路は得した気分になるが、復路は現地を出発した翌日に帰国となり、アジアのように2泊3日で渡航という訳にはいかない。頑張

って2泊4日で渡航しても翌日は体力的に使い物にならない状況に陥る。

　第2に、欧州はまだしも米国のビザ取得は面倒なうえに高い。なにしろ米国のビザは受理されるまでのハードルが高い。というのも、興行ビザ申請のための提出書類が多く、記入にも膨大な時間を要し、さらに費用が1人当たり数十万円程度かかるからだ。1人当たりの申請書類はデータ上で8枚分あり、30分以内に保存しないとすべてのデータが消去される仕組みになっている。記載事項は家族構成、学歴、住所、電話番号、婚姻の有無など詳細にわたり（後述するが中国のビザもほぼ同様の情報が求められる）、加えてアーティスト本人の出身国での活動実績提出が求められる。具体的には新聞、雑誌、ウェブに取り上げられたCD評やライブレポートを20〜30点分収集、内容を英訳しなくてはいけない。これは、そのアーティストが米国で公演するにふさわしい人物なのかを評価するためとのこと。値踏みされているようであまりよい気分とはいえない。こうした手続きを終えた後、現地主催者を通じて移民局からビザの通知が来るまで2カ月以上かかる。その後アーティスト本人が（代理人は基本不可）在日米国大使館で面接を受け2〜3日後にビザを受け取れる仕組みだ。ビザ申請を考えただけで、私個人は米国興行に躊躇（ちゅうちょ）してしまう。

　第3の理由は日本の音楽は欧米ではニッチ市場にしかウケないということ。アニソン、ビジュアルロックともに日本が生んだオリジナル音楽だ。間違いなく日本のアニメや独特の衣装・メイクに引かれる欧米のファンは存在する。しかし、絶対数から言えば相当少ない。確かに米国や英国、フランスにはアニメエキスポ、ハイパージャパン、ジャパンエキスポなど数万〜数十万人単位で動員するジャパンカルチャーイベントが存在する。

　現地で参加して思うのは、日本のポップカルチャーと伝統芸能に強く

興味を持つ人が本当に多いのだな、ということ。2007年に初めてジャパンエキスポに参加した際、日本の文化に触れて好きだと思っている人たちが世代、性別、国籍、宗教を問わずこれほどまで多く存在するという事実に、私自身心から感動したのを今でも鮮明に覚えている。一方で、欧米から見れば韓国人も日本人も同じアジア人として捉えられている事実がある。

　私がジャパンエキスポに初めて参加してから数回目、会場に韓国人らしき人たちが出展しているブースがあり、制服ファッションやルーズソックスを販売しているのを目撃した。欧州人からしたら見た目で日本人と韓国人の区別がつかない。それをいいことに、ジャパンエキスポ会場内でジャパンファッションを販売する便乗商法は商機ありと考えたのだろう。一部のスタッフが気づいたのか、翌年から韓国人の運営するブースが場内で見当たらなくなった。今でこそ韓国も独自のイベント「KCON」を各国で実施しており、堂々と韓国オリジナルブランドの化粧品、食、音楽を発信しているが、上記のような事実が経緯としてあったことは否めない。

　媒体ではフランスのJAPAN FM、レーベルでは英国のJPU Records、興行ではドイツのGan-Shin Recordsを除いては、日本人アーティストだけを取り上げる番組やコンサートプロモーターは見当たらない。それだけJ-POPは欧米では概してニッチ市場であるということなのだろう。

　アジアはどうか。台湾ではKKBOXチャートなど、中国ではテンセントミュージック傘下のQQミュージックチャートなどJ-POPやACG（アニメ、コミック、ゲーム関連音楽）に特化したチャートがある。台湾、タイ、香港、シンガポール、上海にはほぼ日本人アーティストだけを扱うコンサートプロモーターも存在する。それだけアジアにおける日

本音楽の占有率が欧米に比べて高く、また市場規模も大きいのだといえる。メンタリティの面からも日本はアジアの1国で、日本人を受け入れる素地は欧米の国よりもアジア各国の方が強いのかもしれない。

　歴史的背景からすれば韓国や中国のシニア世代は日本に対して少なからず嫌悪感を抱いているのかもしれないが、若年層に至ってはアニメ、食、ファッション、音楽から日本のコンテンツを積極的に受容している事実もうかがえる。総じて、私は「ドリームの欧米、ビジネスのアジア」として関係者に対しては持論を伝えている。

　もちろん欧米を目指す日本人アーティストを否定するつもりは毛頭ない。夢を追求することは決して悪いことではないが、その分収支的リスクヘッジを常に考えておかないと、欧米ツアーはスタッフやアーティストにとっては苦労だけが山積する旅になる可能性があることを意識しておくことが肝要だ。

3 章

アジア市場への進出、
具体的な手続き

まずは
日本国内での地固め

　では、具体的なアジア進出方法を詳述していきたい。逆説的な話に聞こえるかもしれないが、海外進出のために、まずは日本国内での音楽活動を充実させること。国内での日々の地道な活動が海外進出につながる近道である。

　ライブはアーティストが自己表現、実力を発揮する最高の舞台であり、観客がそのアーティストを厳しく評価する試練の場でもある。技術的に優れたライブや個性あるパフォーマンスで人々から称賛を受けたアーティストは回を追うごとに動員数を増やしていく。100人が1000人に、そして1万人になれば認知度や人気も比例して高まっていく。当然ながら、その人気ぶりはSNSを通じて海外に広まっていく。よって、年間でライブに充てる期間は、自己研さんやフォロワー数獲得のためにも十分に確保していくべきである。

　楽曲の発信も重要だ。現在はCDだけでなく配信やストリーミングなどさまざまな楽曲発信の形態がある。YouTube、Instagram、Facebook、Twitter、Tik TokなどSNS上で発信することもできる。よって、自分がハンドルしやすい形態で、なるべく訴求力の強い発信方法を選択すべきである。アーティストとしての認知度がまだ低く世の中に広く発信したいのなら、SNS上に楽曲やライブ映像をアップロードした方がいいかもしれない。

　ある一定以上のファンを獲得できている段階なら、弾力性のある価格帯で単曲のダウンロードや複数曲のストリーミングを実行してもいいだろう。まずはどんな形であれアーティスト名と楽曲を認知されるよう最

大限の活動を日本国内で日常的に行うことが必須だ。

　SNSは楽曲やライブ映像を発信するだけでなく、日ごろの自分の活動を表現する場としても大いに活用したい。前述したSNSすべてを満遍なく活用するもよし、特定のSNSを頻繁に更新するもよし。人それぞれだ。

　最も大切なのは、更新頻度を下げず、ユーザーがいつ見に行っても新たな情報や近況が上がっていること。日ごろの地道な活動が新規ユーザーを増やし、ファンベースの拡大につながっていくのだ。レコーディング、リハーサル、オフなど、ライブ本番日以外もファンと触れ合い、日常を共有するつもりで更新していくことだ。

　なお、これはマストではないが、楽曲のタイアップ（アニメ、ゲームなど）はあると有効である。アニメやゲームは作品自体が楽曲を海外に認知させる媒介としての機能を果たし、個人の発信との相乗効果が一層期待できるからである。ただし、こうしたタイアップの機会を獲得するのは容易ではなく、すべてのアーティストに与えられたチャンスではない。またタイアップがなくてもライブパフォーマンス力で海外進出を果たしているアーティストも少なからず存在するので、あくまで参考にとどめていただければと思う。

日本で準備すべきこと

　ライブ、楽曲のCDリリースまたは配信、そしてSNSを情報媒体として自らをウェブ、CDショップなどで知ってもらった後、海外進出のために日本で準備しておくことが幾つもある。当たり前のことであるが、アーティストが自分のことを海外で知ってもらうにはどうしたらいいのか。自分の顔ともいえる公式サイトをきちんと海外仕様にしておくことだ。

　海外を意識したアーティストのホームページを見ると、英語や中国語

のページを別のタブで展開しているのに気づく。自分を知ってもらうため公式サイトをこのように英語圏や中華圏に住んでいる未来のファン向けに作成しておけば、音楽やミュージックビデオ（MV）に偶然触れ、好きになってくれたファンが、自分のパーソナリティーを知って、より深く好きになってもらうきっかけ作りとなる。

　最初は英語だけでもいいし、翻訳を外注する予算がなければグーグル翻訳でもいい。とにかく自分を海外の人に知ってもらうこと。Facebook や YouTube も今まで以上に海外を意識するとよい。Facebook であれば、英語で一言メッセージを書いたり、拙くてもいいので日常の出来事を英語でつぶやいたりするなど、海を越えたファンを想定して表現しておくと、後でじわじわとその効果が見えてくる。YouTube でも同様に簡単な英語の動画コメントをスマホで撮影、アップするだけで好感度が何倍も増す。

　ただし、中国市場を意識した場合、Facebook も YouTube も中国政府の規制により現地のファンが視聴不可能なため、中国独自のプラットフォームを意識しないといけない。Weibo（微博）はその一つで、いわば中国版 Facebook だ。

　Weibo を通じて中国で自分を知ってもらうためには、Weibo アカウントを取得する必要があり、ここで発信し続けることが大切である。日本人で蒼井そらという女優が Weibo を開設、現在では1850万人がファン登録して、中国人男性から絶大な人気を誇っている。彼女が Weibo を使って中国語でこまめにメッセージを配信してきた努力のたまものだと思う。

　日本発信および海外発信の日本人アーティスト紹介サイトに登録してもらうことも重要だ。主だったものを列記しておく。

●日本発信
Synch Net Japan　http://syncnet.work/
JAPAN ANIME MUSIC LAB.　https://japan-animemusic.com/
Music J Channel　https://weibo.com/mcjofficial ＊中国のみ
●海外発信
JaME　http://www.jame-world.com/

　さらに日本のポップカルチャー全般を扱うサイトに以下もあるので、参考にしていただきたい。

JAPACON　https://www.facebook.com/japancontent/
TOKYO OTAKU MODE　https://ja.otakumode.com/
MATCHA　https://matcha-jp.com/jp/

　こうしたサイトを通じて海外ユーザーへの直接発信体制が整ったら、次は実際に海外でライブを行えるよう諸財団や政府関連組織を活用していく。

　日本音楽産業・文化振興財団（JMCE）が毎年10月に行っている東京国際ミュージック・マーケット（TIMM）では、海外から約80社のレーベル、コンサートプロモーターなどが集い、業界向けのセミナーや商談会、そして海外関係者向けのショーケースライブが行われている。ここでは日本の音楽やアーティストを海外に進出させたいレコード会社や事務所、エージェント、そして同じく日本の音楽やアーティストを海外に広めたり招いたりしたい海外のレコード会社、コンサートプロモーターが一堂に会する。そのため、海外でCDリリースや配信、そしてライブを実施したいと願うアーティスト、レーベル、マネジャーにとって絶好の機会となる。TIMMはインディーズアーティストやスタッフ個人とし

ても一定の要件を満たせば誰でも参加可能なので、ぜひサイトをチェックしていただきたい。また、経済産業省傘下の機関である日本貿易振興機構（JETRO）もTIMM開催期間中、海外のプロモーターの日本招聘（しょうへい）、および日本の関係者との商談会アレンジを実施しているので、海外市場の把握や市況リサーチのためにもぜひ相談してみるといいだろう。

　　JMCE　　https://www.jmce.or.jp/
　　TIMM　　https://www.timmjp.com/
　　JETRO　　https://www.jetro.go.jp/

　また、外務省傘下の機関、国際交流基金には日本のアーティストが海外で公演を行う際の経費を一部負担する補助予算が組み込まれており、渡航目的が明確で公演実施による日本文化発信度合いや効果によっては、全体経費に対する一定額の予算支援をしてくれる。単純に言えば、渡航国数が多く、各会場の動員数が多ければ、それだけ日本文化が発信される効果が高いと判断され、支援額も増額されることになる。私もかつてアニソンアーティストの欧州公演を実施した際に申請、無事に受理された。

ブッキングエージェントという仕事

　さて、次項からは私が生業とするブッキングエージェントの具体的な業務内容と手続きを記していくが、その前段としてブッキングエージェントについて簡単にご説明したいと思う。

　ここでのブッキングとはアーティストのソロコンサートやフェスティバル出演の確約手続きを意味し、エージェントはこれらの業務の代行サービス提供者となる。これがブッキングエージェントの直訳である。

　より分かりやすく説明しよう。ある日本人アーティストが海外で音楽フ

ェスティバルやツアーを実施希望しているとする。一方でその希望をかなえてくれそうな海外のフェスティバル主催者やコンサートプロモーターがいるとする。ブッキングエージェントは両者をうまく探し出し、条件やスケジュールなど双方の希望を詳細に聞き出し、マッチメイクさせ、フェスティバル出演やツアーを実現させる仕事といえる。

　エージェントの仕事が成立するためには、アーティストないしは事務所（売り手）と現地主催者（買い手）がどちらも存在しなければならず、そのために常日ごろからアンテナを立てて瞬時に情報をキャッチする能力が必要とされるのだ。条件が成立した後、契約書の締結、興行に必要な諸手続き（航空券の予約、ビザ申請、宿泊先、現地移動車手配、制作宣伝周りのやりとりなど）を売り手と買い手の両者を仲介しながら進めていく。必要であればツアーマネジャーとして日本の空港からアーティストチームに同行し、現地でのコーディネーションも行う。エージェントは業務対価として手数料（エージェントフィー）を受領する。手数料は一定額（フラットフィー）のときもあるが、通常は出演費の料率（パーセンテージ）を受領する。

　では、実際にブッキングエージェントが行う仕事を見てみよう。

3-2

条件交渉（1年〜半年前）

　あるアーティストの所属事務所マネジャーがTIMMに参加したとしよう。この日のために英語で準備作成したアーティスト紹介のフライヤーをまきながら、海外のプロモーター数社と名刺交換し、打ち合わせする機会を設けた。TIMM主催者が手配してくれた通訳を介して、ライブ映像を見せたり、自身の言葉でアーティストを熱心にPRしたりする。限

られた時間内での商談の場でもあり、自分の思いが十分に伝わりきらないのか、ビビッドな反応が商談相手からもらえない。

　数々の商談も後半に差し掛かり半ば諦めかけていたとき、台湾のコンサートプロモーターから通訳を介し、アーティストが興味を持たれたと知る。話によれば、翌年8月に行われる台湾の音楽フェスティバルに参加してほしいとのこと。今から10カ月後の話だ。期待に胸を躍らせる一方、どう進めていいのか分からない。まずはもらった名刺を大事にしまい、後日連絡を取り合いましょうと別れる。さあ、ここからどう交渉を進めていくのか。

　まずは、基本条件を詰めていくことからスタートだ。渡航国にもよるが、条件交渉は最低でも半年前から、早ければ1年前から進めたい。中国での公演は興行許可を政府から取得するため相当前から準備をしておかないと間に合わない。

　プロモーターとの交渉は英語が最低条件。中国語もできると一層交渉に有利に働くことがある。会社によっては日本語が堪能なスタッフもいるので、日本語でのメールや電話での交渉が可能な場合もある。
　条件交渉だが、まずはフェスティバル出演またはワンマン公演について、以下の項目を相手から聞き出す。
　①実施時期　②候補会場　③動員予定数
　④チケット価格帯　⑤出演費　⑥その他

①実施時期
　まずは、日本のスケジュールと照らし合わせながらこちらから都合のいい期間を提示するとよい。ある決まった月の第何週と指定範囲を狭めると先方の会場押さえがかなわない可能性もあるので、2カ月くらいの

バッファー（例：4月2週目から6月1週目）を設けたい。なお、フェスティバルであれ、ワンマンであれ、出演曜日は週末、特に土日に集中することがほとんどである。日本に限らず、海外でも学校や会社が休みの週末の方が動員しやすいのだ。

②候補会場

候補会場は、アーティストのジャンルや特性も含め、現地プロモーターからの提案をヒアリング、慎重に吟味すること。年齢層が高く落ち着いた曲調のアーティストなら固定席のホールがいいだろうし、若年層を中心に人気のロックバンドならスタンディングのライブハウスが盛り上がるだろう。

またアクセスも都市の中心部からなるべく近く、公共交通機関が最寄りにある会場を選んだ方が、集客しやすい。

③動員予定数

動員予定数ヒアリングは、実際に見込める数を把握するうえで有効だ。現地市場調査にもなる。また、公称は2000人収容なのに1600人で動員数を設定するなど、会場の収容人数に対して少なめに動員数を設定するプロモーターもいるので、出演費を検討するうえでも動員予定数は必ず確認しておこう。

④チケット価格帯

チケット価格の設定は、アーティストのターゲット層や現地ユーザーの可処分所得を把握するうえで重要である。特にアジアでは日本に比べ券種が多く、低価格帯から高価格帯まで幅広いのが特徴だ。

中国では、1公演で3000円、5000円、8000円、1万2000円、1万4000円、1万8000円、2万4000円、3万円と、8券種販売することも珍しくない。なお海外では高価格帯から低価格帯の順に売り切れ、最後に売れ残

るのが中価格帯のケースが多い。

　高価格帯のVIPチケットには、優先入場、ステージ最接近エリアはもちろんのこと、プレゼントやサイン会など本人稼働の特典を付けることがよくある。10代の学生に人気の高いロックバンドなど、ジャンルによってはファンの可処分所得が低いため低価格帯にコアファンが集中することが多い。

⑤出演費

　ここでは、海外公演で基本となる「買い取り興行」の場合の出演費についてのみ記載する。買い取り興行とは、チケット売り上げの多少にかかわらず一定額の出演費を主催者から受領する興行のこと。買い取り興行のメリットは、主催者の予想に反してチケットが売れなかったとしても、事務所は契約済みの出演費を減額なしに確実に受け取れるということである。

　出演費に関しては、まず出演費自体に渡航費が含まれるのか、渡航費は別途支払われるのかを確認すること。渡航費込みのメリットは自分で航空会社を指定できること、ビジネスクラス、エコノミークラスなど席種を指定できること、日本の代理店を通じて最安値のチケットを確保できること、そして万が一現地からEチケットが送られて来なくても心配せず渡航可能ということだ。

　なお、渡航費が別途主催者から支給される契約の場合、席種がビジネスクラスか、エコノミークラスかなど渡航費の条件も契約書で事前に確認しておく。また、出演費の支払い通貨も要確認項目である。米ドルなのか日本円なのか、はたまた主催国の通貨なのか。外貨の場合、為替レートの変動により為替差損が生じる場合があり、一概に損得は判然としない。考え方次第だが、現地主催者が容認するのであれば固定額の日本

円で出演を受領することも為替レートに左右されず得策といえるかもしれない。

⑥その他

　出演費も渡航人数が10人と30人とでは話が変わってくる。私がこれまで経験した交渉では、ほとんどの場合現地主催者が宿泊費、食費、現地交通費を負担している。よって、出演費をより多くもらうためには、最低渡航人数も精査したうえで交渉することをお勧めする。

　ステージを再現するために必要な人（演者、マネジャー、音響、照明、ローディー、制作スタッフなど）を削るのではなく、付帯同行者（アシスタントマネジャー、スタイリスト、メイクアップアーティスト、カメラマン、レコード会社スタッフなど）から検討することになる。また、前述したものに加えその他条件として会場費、舞台制作費、楽器・機材レンタル費、興行ビザ申請費などがすべて主催者負担であることを確認する。

3-3

契約書締結（1年〜4カ月前）

　前述の6つの基本項目で契約内容に大筋合意したら、次に契約書の締結を行う。海外との仕事では商習慣や文化背景が異なるし、とりわけ初めて仕事をする相手の場合、信頼が置けるかどうか判断がつかない。そのプロモーターの日本人アーティスト招聘実績を確認するのはもちろんだが、そのうえでどんなに相手が信頼できそうであれ、必ず契約書を交わすこと。

　契約書を交わさず口頭合意をしたのち、相手のプロモーターが公演告知やチケット販売したまま失踪、出演費が払われない状況下、公演を行

わざるを得なかった日本のアーティストが過去に存在したと聞いている。
このように最悪のケースを考えた場合、契約書が効力を発揮するのだ。

　契約書は英語、日本語、もしくは英訳ないし和訳の付いた現地語の場合がある。数ページで完結するものもあれば、数十ページにわたるものもある。どちらにせよ、確認事項のポイントは以下の通り。

　①出演費
　②出演費の支払い時期
　③その他基本条件
　④中止や延期になった際の対応
　⑤裁判になった際の対応
　⑥動員保証
　⑦公演に際しての禁止事項（中国）
　⑧物販

①出演費

　出演費は、前述したよう渡航費が含まれるか否かを、また通貨が円かドルか、はたまた現地通貨かをしっかり確認。基本合意した内容が正確に反映されているかも確認する。また出演費に源泉徴収税（以下源泉税）が含まれているか否かも確認しておく。
　例えば台湾では源泉税が20％かかる。もし出演費が100万円で源泉税が含まれる場合、実質の受領額は80万円ということになる。ここは税抜きとし、きちんと100万円満額受け取れるようにしたい。なお国ごとに源泉税は異なるので、こちらも事前確認しておくことをお勧めする。

②出演費の支払い時期

　出演費の支払い時期は、契約書締結後1週間以内など早々に全額の50％

を振り込み、残額50％は公演日の1週間前というケースが多い。出演費が100万円の場合、契約締結後すぐ50万円、公演日直前に残額50万円を振り込んでもらうということである。

　ただし、中には公演後100％、もしくは50％という記載の契約書もある。終演後、主催者に逃げられることがあってはいけないので、公演日前の余裕ある期日までにきちんと振り込んでもらおう。

③その他基本条件

　前述のように、宿泊費、食費、現地交通費、会場費、機材・楽器レンタル費、ビザ申請費が主催者負担と記載されているか確認する。

　宿泊はホテルのグレードや市内の位置を確認、指定しておく。安全や快適さを担保するうえでも、最低3ッ星ホテル以上は確保したい。主催者によってはコストを抑えるため1室2人のいわゆるルームシェア利用を依頼してくる場合もあるが、十分な睡眠を確保するためにも、なるべく全室シングルルームで交渉することをお勧めする。

　ホテル自体は立派でも、繁華街から離れていると、アーティストやスタッフが空いた時間に食事や買い物ができないなど不便を被ることがある。空港、会場との距離も大切だが、なるべく町の中心地に近いホテルを指定しておいたほうがいいだろう。

　食事は、朝食がホテル、昼食・夕食が会場でケータリング、打ち上げはレストランの場合が多い。だが予算上限を設けてくる主催者もいるので、上限を外すか、上限が余裕のある金額かを見極めておく。

　現地交通は、アーティストとスタッフが別々の車か、全員バスか。また機材車が別途準備されているか、機材と人が同乗かも確認しておく。人だけ乗って機材が積載できない、またはその逆のようなことが起きないよう、あらかじめ車両の定員数もヒアリングしておこう。

会場は、出演費やチケット価格に次いで大切な項目である。会場のスペックがライブの良しあしに大きな影響を与えることになるからだ。主催者から事前に会場図面や過去のライブ写真をもらっておくことはもちろん、会場備え付けの機材や楽器リストを一通り確認しておく。さらにホテルや空港からの距離と導線、周辺の交通機関の有無を確認しておくこと。ファンが集いやすいのは近くに電車やバスが通っている会場だ。

　打ち上げの人数も要確認だ。場合によってはレコード会社などの付帯スタッフまで含めてよいか確認する。動員が悪い公演の場合、打ち上げ経費を抑えたいがために、主催者が人数を絞り込むケースもあるので要交渉である。

④中止や延期になった際の対応

　公演が延期もしくは中止になることがある。天変地異、主催者の都合、演者側の都合と理由はさまざまだが、各ケース別に対応条件を決めておくことは必要である。

　天変地異（天災、暴動、ストライキ、革命、政情不安、クーデター、航空会社または天候による運航中止など）により公演が中止や延期になった場合、出演者、主催者ともに責任を免れるケースがほとんどである。この場合、痛み分けということで出演費は主催者に払い戻し、出演者一行が現地に到着後キャンセルとなった場合は航空券代のみ主催者に負担してもらう。

　チケット売り上げが振るわないなどの主催者都合の場合、出演費を返す必要はない。加えてサポートミュージシャンやスタッフの人件費相当額を補償金として主催者に請求するケースもある。アーティストの体調不良や疾病などによる出演者都合の場合、医師の診断書を提出したうえで出演費を全額返金する場合がほとんどである。

　なお延期の場合は、主催者、出演者の双方で振替期日を早々に決め、WebサイトやSNSでチケットがそのまま有効となる旨、また払い戻しにも対応する情報をファンに提供する。中止、延期いずれにおいても、主催者と出演者がお互い誠意を持って対応をすることが大切である。

⑤裁判になった際の対応

　なるべく避けたいことだが、やむを得ず裁判になる場合の備えも欠かせない。裁判開催地を公演主催国だけにせず、告訴する側が相手国の裁判所で行うことを明記しておく。例えば中国公演で問題が生じた場合、日本側が告訴をしたら中国の裁判所で、中国側が訴えたら日本の裁判所で、というように常に条件を対等にしておくことが大切だ。

⑥動員保証

　買い取り興行の場合、前述のように、出演費は動員数にかかわらず定額で保証されている。ただし、出演者にとっては1000人収容できる会場で100人しか動員がないと、本人のモチベーションや関係者、観客にとっても心理的にネガティブとなる。よって、「主催者は会場動員数の7割、8割を埋める努力をする」、と付記しておくのは動員を確保するための保険となる。

⑦公演に際しての禁止事項（中国）

　中国興行においては、禁止事項が契約書に記載されるケースがままある。以下は、あるアーティストの契約書からの抜粋である。参考にしていただきたい。これらが順守されないと、公演が途中でストップ、ないしは禁止になる可能性がある。

Specific guidance and rules for Japanese artist in China so that they won't violate anything regulated by Chinese government

中国政府の規則に反しないための日本人演者にとってのガイダンス、ルール

Avoided words　発言を忌避すべき言葉

Taiwan, free Tibet, Dalai Lama, sex, pornographie, blood,revolution, freedom, nude

台湾、チベット独立、ダライラマ、セックス、ポルノ、血、革命、自由、ヌード（政治、宗教、暴力、性に触れる言葉一切）

Avoided activity　避けるべき行動

1. drinking alcohol before concert　公演前のアルコール摂取
2. show video which would remind us of the above words and images

忌避すべき上記言葉やイメージを想起させる映像上映

3. lift down stage and approach audience

ステージ降壇、観客に近づく

4. throw something to audience (even guitar pick and towel)

観客に物を投げる（ギターピック、タオル含む）

5. talk about politics, sex, religion, and violence

政治、性、宗教、暴力について語る

6. allow audience to step on stage　観客をステージに上げる
7. performance with too sexy and/or too bare costume

あまりにも過激あるいは露出度の激しい衣装着用

8. show or wear something which looks similar to national flag

of Japan and/or China　日本や中国の国旗がプリントされた、または見た目がこれらに類似したアクセサリーや衣装の着用

Below is allowed.　以下の行為は問題なし

1. audience agitation by shouting "come on！"，"stand up！"，"dance and sing together！"

観客に対し「カモン！」「立ち上がって！」「一緒に踊って歌いましょう！」と声を掛ける

2. receive anything from audience

観客からプレゼントを受け取る

3. take photo together with audience on stage

ステージ上で観客と一緒に写真を撮る

4. introduce merchandize items on stage

ステージ上での物販紹介

5. CD and merchandize sales announcement on stage

ステージ上でCDや物販販売の告知を行う

⑧物販

最後に物販について。いわゆるアーティストグッズだが、これは契約書にマストで記載する事項ではない。別途契約でもいい項目だ。ただし一度に1つの契約書に盛り込むことで漏れがなくなるので、記載することをお勧めする。

通常、（1）日本から持ち込んだ商品を主催者が委託販売し、対価として主催者が手数料を受け取るケース　（2）主催者が商品を買い取るケース　（3）主催者が商品を現地製造し、ライセンス料を事務所に払うケースの3つがある。

（1）の場合、主催者が売り子、販売用のテーブル、釣り銭、在庫管理を

行い、総売り上げから現地物品税を控除した15〜30%を主催者に支払うのが通例である。なお前記料率には会場側が受け取る手数料が含まれているか否かを事前確認すること。

（2）の場合、日本の小売価格から消費税を控除した額の60%前後で購入することが多い。例えば日本で税込み3500円のTシャツを現地主催者に買い取ってもらう際、3182円の60%、すなわち1909円で購入してもらうことになる。

（3）の場合は、主催者が日本から受け取ったデザインデータを元に現地の会社に製造委託をすることになるが、留意すべきなのは品質である。日本の物販はクオリティーが高いと思われている。それなのに当日会場で販売されているTシャツが洗濯機で1度洗っただけで使い物にならない商品ならば、それだけで現地のファンは幻滅、アーティストイメージも損なわれかねない。

　現地の製造会社が信用できるかどうか事前に商品サンプルを確認してから進めるべきである。現地製造の場合は、日本側が受け取るライセンス料は税抜き現地小売価格×製造数の30%程度が通例。中国で税抜き小売価格が日本円で3000円相当のTシャツを500枚現地製造する場合、ライセンス料は3000×500×30%=45万円となる。

　契約書は主催者と事務所もしくは代行ブッキングエージェント間で交わし、甲乙でおのおの署名・押印を行う。海外とのやりとりなので、公演告知や券売を急ぐ際は主催者から署名済み契約書のスキャニングデータをメールで送ってもらうとよい。これに事務所が署名し、スキャニングデータを同様に返信すれば契約書としての効力はその時点で発生する。なお、原本は追って国際郵便で2通郵送してもらい署名後1通を主催者に

返送、もう1通は自身で保管しておく。

3-4

予算確保（1年～4カ月前）

　出演契約が締結された。ただ今回は、海外初公演を実現させることに注力した結果、収支ギリギリの出演条件で提案を受けてしまった。渡航費を含めた出演費だと恐らく若干赤字になってしまう……。

　こんな状況になったら政府や省庁が設けている海外展開支援の補助金申請をすることも一つの手だ。中でも、ジャパン・コンテンツ　ローカライズ＆プロモーション支援助成金（J-LOD）が海外で事業展開するコンテンツ企業を特に支援しているので、一度Webサイトを確認しておきたい。

　海外イベント出演や海外公演を実施するアーティストの場合、申請が首尾よく受理されたら渡航者一行の渡航費、現地で発生する宿泊費、交通費、会場費、そして日本人スタッフ人件費等経費の半額を負担してくれる。

3-5

興行許可申請（中国　1年～半年前）

　どの国でも主催者による興行許可申請は必要であるが、特に中国では出演者側からのさまざまな情報やデータを早期に受け取る必要があるので、演者側は前もって用意周到な準備をしておく必要がある。
　以下が、興行許可申請に必要な基本情報である。
・渡航者全員のパスポートデータ
・出演者の個人情報

・セットリスト、歌詞、音源
・出演時間相当のライブ映像またはリハーサル映像
・プロフィル（できれば英語）
・アーティスト写真

　出演者全員のパスポートデータは、パスポートの顔写真掲載見開き2ページのスキャンデータのこと。（下図）

　スマートフォンで撮影したものでも構わないが、フラッシュで光って一部判明不可のものや、文字がゆがんで写ったものは使用不可である。
　なお、パスポートはどの国に行くにせよ、演者、スタッフにかかわらず、帰国日時点で最低6カ月以上有効期限があることが望ましい。例えば2021年9月13日に台湾で公演があり、翌日が帰国日とする。その際、2022年3月14日まで有効期限があることを確認しておく。興行許可申請の際、申請後にパスポートを更新すると、新旧両方のパスポートを提出する必要があり面倒が増えるので注意したい。

顔写真が載っているパスポート見開きページのスキャンデータを用意

　ステージ出演者の個人情報であるが、ステージ出演者とはステージに登壇するアーティスト、サポートミュージシャン、コーラス、ダンサー、マニピレーターなど、すべての人が対象である。必要な個人情報とは最終学歴とその通学年月、所属会社（あれば）の住所、電話番号、メールアドレス、自宅の住所、電話番号、メールアドレス、婚姻歴、家族構成である。

　演者によっては自宅の住所などプライベートな情報を提示したくないという人もいると思うが、その際は所属事務所の情報をもって代行するケースもある。

　セットリストは公演で演奏する予定の曲目リストのことだが、国内公演では何カ月も前からセットリストが決まっていることは通常あり得ない。公演の3日前、ともすれば当日に曲目や曲順を変更するアーティストも少なくない。

　この場合どうするかと言えば、仮に2時間でアンコール込み20曲を演奏する予定の場合、演奏する可能性が高い楽曲20曲と、その他候補楽曲10曲の計30曲を提出しておく。セットリストは追って提出楽曲の中から選ぶことができるので、この方法で楽曲の選択肢を1.5倍に増やしておける。新曲の場合は追加申請という対応措置となり、公演3カ月前に別途申請手続きを行う必要がある。

　ちなみに中国国内でも省・市政府によって対応が異なり、上海市では文化部の検閲が極めて厳しく、最初の申請段階で演奏予定曲数の8割（前記で言えば16曲）は確実に演奏しなければならない。歌詞の提出は、翻訳せず日本語のままで問題ない。主催者が雇用した翻訳者が中国語に翻訳した後、文化部に提出される。音源も同様にデータでファイル送信すればよい。

ライブ映像またはリハーサル映像だが、これは映像に写っているパフォーマーとパスポート写真の人間が同一人物かどうかを確認するために必要なものである。アーティストと称する虚偽の人物がステージでパフォーマンスを行えないようにする厳格な措置のようだ。

　これらすべての資料がそろったら、あとはAuthorization Letter（出演承諾書）への署名を行う。
　Authorization Letterは出演者が自署する、いわば出演委任状のようなもの。この書類に署名を行うことで、出演者が出演に合意したとみなされる。

4章

契約後の準備・手配

渡航、宿泊詰め
（6カ月〜2カ月前）

　契約書が交わされたら渡航者を決めて、流動的な要素がない限り早々に往復の便を予約しよう。現地主催者が便を手配する際は、あらかじめ希望の航空会社、座席の位置（窓側、通路側）など詳細を伝え、さらに席種（ビジネスクラス、エコノミークラス）指定も確認しておく。コストの都合上、主催者が現地の航空会社を選んだ場合、預け荷物の個数や重量制限の面で融通が利かなくなったり、そのエアラインがスターアライアンス系（全日空）でもワンワールド系（日本航空）でもなく、マイルがたまらなかったりするなど、不便が生じることもある。

　日本側で便を手配する際は、なるべく速やかに済ませたい。ご存じかもしれないが、飛行機運賃は座席の埋まり具合に比例して上昇する仕組みとなっている。早めに予約することで運賃を安く抑えられる。ただし、渡航者のスケジュールが流動的で確実に押さえられない場合、無理に予約発券してしまうと、変更した場合キャンセル料が取られるなど不利なこともある。遅すぎず確実な状況で便を押さえ、突発的なスケジュール変更の場合だけキャンセル料を払うという対応にしたい。

　現地主催者が宿泊費を負担する場合、どのホテルを予約するかは出演契約書に記載されたグレードに応じて主催者にあらかじめ依頼しておく。部屋のタイプ（シングル、ダブル、ツインなど）やルームシェアの有無など事前に確認しておこう。アーティストのみ部屋をグレードアップ、スタッフは全員同じ階、すべてシングルルームなどなど、主催者と交渉する項目を予め準備しておくことが大切である。

情報解禁、券売、宣伝周り詰め
（契約後すぐ）

　契約後もう一つ大事なことは公演の告知解禁日決めだ。SNSが普及している世の中なので、海外も国内も情報解禁日時を一致させないと、日本のファンから非難を浴びることになる。よって、時差を考慮し主催国と日本で同時に公演を発表することを心掛けたい。

　東アジアは日本より1時間、東南アジアは一部の国で2時間の時差がある（日本より遅い）ので、それを加味して発表する。

　告知する情報は以下の通り。
・公演名
・日程
・会場
・チケット価格
・プレイガイドとそのURL
・出演者名（フェスティバルの場合）
・主催、企画・制作、協賛、後援など各社名

　チケット発売日は、情報解禁日と同日にするか、後日に設定するか、両方の考え方がある。券売後は売り上げ状況を把握するためにも、定期的にセールスレポートをもらうよう、主催者に依頼する。

　宣伝のために、基本PR素材であるアーティスト写真とプロフィル（できれば英語）は、事前に主催者にデータで渡しておく。そして主催者から宣伝プランをもらい、いつどんな媒体露出が予定されているのかを確

認する。

　特にアーティストの音楽ジャンルやイメージが、露出媒体と一致しているかは慎重に吟味しておく。シリアスな歌詞や表現を重視するロックバンドであれば音楽の匂いを感じさせる雑誌やSNSを選択すべきで、他の選択肢がない限り日本のポップカルチャー全般を対象にしたジェネラルな媒体を積極的に選ばない方がターゲット層に届きやすいと思う。

　また、媒体によっては券売に影響しないものも含まれている可能性があるので、影響力が大きく読者やフォロワー数の多い媒体を優先的に選んでおきたい。また、券売促進目的のため、主催者からのリクエストに応え、事前にMVやライブ映像の提供、そしてアーティスト本人による動画コメントやメール取材に対応することも大切だ。そうすることで、現地のファンがアーティストの音楽性やイメージをつかんでおきやすく、ファンベース形成に一役買うことは間違いない。

　もちろん所属レーベルや事務所によっては、映像データの取り扱いに慎重なところもあるので、その際は社内法規に則りつつ、できる範囲で素材を提供する。

4-3

ビザ申請（3カ月〜1.5カ月前）

　興行ビザは国によって取得が必要となる。アジアでは前述の中国に加え、香港、タイ、韓国などが対象。台湾やインドネシアも厳密にはビザを取得するのだが、パスポートデータを事前に渡しておけば台湾は主催者が手配をし、インドネシアは空港で一定額を払えばビザを発給してもらえる。

　香港、中国では規定サイズの顔写真（髪が眉毛と耳を隠さず、背景が白で、ピアスやネックレスを外したもの）と前述の個人情報が必要となる。加えて中国の場合は対象者全員のパスポート原本と中国文化局から受理された興行許可証原本一式を持参のうえ、在日中国大使館に申請に行く必要がある。申請後営業日3日以内にビザを受け取ることができる。1人当たりのビザ申請費用は代理店に頼むと約1万4000円。中国政府委任の公式代理店があるので、そこに申請依頼をすることをお勧めする。

　タイのビザ（就労ビザB）申請には以下の書類が必要になる。
　1. パスポート（残存期間が6カ月以上、査証欄の余白部が2ページ以上）
　2. 4.5cm×3.5cmのカラー写真つき申請書（写真は6カ月以内に撮影）
　3. 経歴書（個人情報記載）
　4. ビザ発行を要請する日本の会社発行の推薦状（署名者の旅券コピー添付）

タイのビザ申請フォーム

5. ビザ発行を要請するタイの会社発行の招聘状（署名者の旅券コピー添付）

6. タイの雇用会社の登記簿謄本

7. 就労者の有効な労働許可証

8. 航空券（Eチケット）または航空会社発行の予約確認書コピー

2と3は在日タイ大使館のホームページからダウンロード、4はアーティストの所属事務所が草稿することになる。5〜8はタイのプロモーターが準備後、日本に送ってくる。ビザ申請料は1人につき9000円。交付まで2営業日かかる。

韓国ビザの必要書類は以下の通りだ。

1. 査証発給申請書　2. パスポート

3. 4.5cm×3.5cmのカラー写真

4. 芸能活動計画書　5. 経歴証明書　6. 身元保証書

1は在日韓国大使館のWebサイトからダウンロード、4〜6は韓国主催者が手配してくれる。日本人の場合申請費用は免除で、交付までに3営業日かかる。

4-4

制作面詰め（3カ月〜1カ月前）

公演実施に最も重要なのは、現地のステージセッティングに必要な機材や楽器を主催者に準備してもらうことである。舞台、音響、照明、映像、楽器など演者が公演を行うのに不可欠な機材を現地で用意してもらうため、以下のリストを主催者から事前に提出してもらう。

（1）ステージ図面

（2）会場図面

（3）会場付帯設備

（1）のステージ画面には、正面図、側面図、平面図の3つがある。これらで演者が実際に動けるステージの幅と奥行き、演者のステージへの登壇、降壇の導線、天井の高さ、照明器具を取り付けるトラスの位置、客席からステージまでの高さなど舞台制作に必要な情報が分かる。

（2）の会場図面によって機材搬入口、ロビー、ホワイエ、入場口、楽屋、トイレ、物販スペースなど会場全体のレイアウトが把握できる。演者やスタッフの裏導線、観客の導線や演者の使用可能なスペースを事前に知っておくことで安心できる。また会場内にWi-Fiが通っているか、空調は各部屋で調節可能か、喫煙できるエリアがあるか、などスタッフが把握しておくことも大切である。

（3）の会場付帯設備には舞台装置、音響、照明、映像、楽器などがある。事前にチェックし、公演に使用可能な機材の有無を確認しておく。大がかりな公演では会場付帯機材を使用せず、それらのほとんどを外部の機材会社からレンタルして会場に持ち込むことが多い。逆にライブハウス規模であれば、付帯機材に加え一部の楽器や機材を外注することで済ませられるケースがある。
　参考までに台湾のライブハウスLegacy Taipeiの会場図面、機材・楽器リスト（※現地語）が記載されたURLを記載しておくので、興味ある方はぜひご覧いただきたい。https://www.legacy.com.tw/page/site/

これらの情報を元に日本から提供するリストは以下となる。

a.ステージ図面

b.レンタル機材リスト

c.日本からの持ち込み機材リスト

d.回線図（インプットリスト）

e.セット図（ステージプラン）

f.照明プロット

a.ステージ画面

　会場のステージ図面を元に、希望するステージセットがある場合、それを加筆した図面である。正面図と側面図がある。

b.レンタル機材リスト

　現地で借用希望の機材リスト。舞台、音響、照明、映像、楽器すべてが対象となる。レンタルする目的は、日本からの持ち込みで重量オーバーとなるコストの削減と、高価な機材や楽器の持ち込みで起こる損傷リスクを避けるという2つがある。公演に不可欠かつ現地に存在しない機材や楽器の場合、やむを得ず日本から持ち込むこともある。その際は上記リスクを考慮しておく必要がある。

c.日本からの持ち込み機材リスト

　b.で補完できない楽器や機材、例えば愛用のギター、ベース、エフェクターボード、ヘッドアンプ、ドラムのスネア、フットペダルなどがリストアップされることが多い。

d.回線図

　いわゆるボーカルを含む全楽器の音がハウスPA（音響システム）のどのチャンネルに振り分けられるかを記載した図面。これを基にライブ時の基本サウンドセッティングが行われる。

e.セット図

　ステージ上の各演者と楽器の配置図。各楽器のステージ上のレイアウトや演者の立ち位置が分かる。以下はセット図の例。

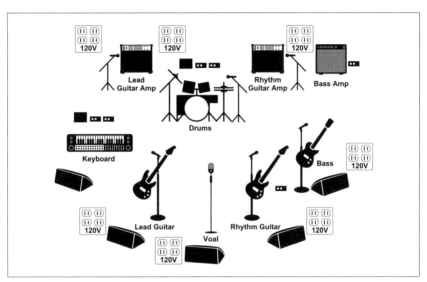

ステージ上の演者、機材の位置を図示した「セット図」

f.照明プロット

　照明器具が各トラス（ステージ上部につり上げられた照明を取り付けるためのバー）にどう配置されるかを記した図面。これにより照明エンジニアのステージ上の演出効果が決まってくる。

　なお電圧は各国で違う（日本100ボルト、台湾110ボルト、中国220ボルト）。日本から機材や楽器を持ち込む際は、事前に必ず変圧器を必要な個数分準備してもらうよう主催者に念を押しておこう。さもないと、ステージセッティングの段階で機材や楽器が故障し、演奏に支障をきたす恐れがある。

物販詰め（2カ月〜2週間前）

　公演を実施する際に現地のファンから求められるのは、記念品やお土産ともいえるコンサートグッズだ。事務所や演者からしても、出演費だけでなくグッズ、すなわち物販の売り上げが全体の収入を考えるうえでとても大きいシェアを占めるので、なるべく多く売り上げたいのが本音であろう。

　前述したが物販の方法には大きく、「（1）日本からの商品持込み」「（2）現地主催者による日本商品の買い取り」「（3）ライセンスによる現地商品製造」の3つがある。

　（1）は最も多いケースで、日本から渡航者全員で手分けしスーツケースに分包して現地に持ち込むパターンや、日本から航空貨物で現地に事前発送するパターンがある。どちらにせよ関税処理が必要となるので注意が必要だ。
　持ち込みの場合、売り子や商品を置くテーブルの手配から在庫管理、精算書作成に至るまで現地主催者に一括販売委託をし、その対価として手数料を主催者に払う。手数料は主催者によるが、売上金額から現地物品税を控除した15〜30％の範囲が一般的である。
　日本から持ち込むメリットは、商品の品質を担保できることだ。ただし主催者は在庫リスクを負わないので、売れ残った在庫は日本に持ち帰らなくてはいけない。また、機内預けにせよ航空便で送るにせよ、コストを考えると一度に持ち込んだり発送する数量が限られたりするデメリットがある。
　なお精算は、売上金額が少額の場合、その場で精算書とともに現地通貨で処理される場合が多いので、帰国日に現地空港または帰国後日本で

両替をする必要がある。

（2）現地主催者による日本商品の買い取りは、日本で販売されているアーティストのグッズリストから現地主催者が希望のアイテムを希望の個数で買い取るケースである。

買い取りの料率は事務所の提示条件で異なるが、日本の税抜き小売価格の6割程度、いわゆる卸価格とみておけばいいだろう。

この場合、日本の事務所は物販を現地の指定された住所に事前発送しておけばいいので、出発日に空港で個数確認や重量超過費用を払ったり、帰国時に残品を日本に持ち帰ったりする必要がなくなる。また売上金の受け取りも日本の指定口座への事前振り込みとなるので、主催者からの取り逃しがなく安心である。

（3）ライセンスによる現地商品製造とは、日本の事務所や演者が物販の製造・販売権を当該公演用のためだけに主催者に一定の料率で委ねることである。公演会場が大きく動員数も多い場合、観客の購入需要を満たす十分な数量のアイテムを日本から持ち込めないときに実施されるケースだ。

料率はまちまちだが、通例税抜き現地小売価格×製造数の30％でライセンスする。Tシャツ1枚の販売価格が仮に1000台湾ドル（約3800円）で、100枚作成した場合、事務所のライセンス料率が30％（主催者の料率が70％）であれば、事務所が受け取るライセンス料は11万4000円（3800×100×30％）となる。

通常、商品デザインを日本で起こし、デザインデータを現地に送ったうえで商品サンプルを送ってもらい、色味や素材の確認をしたうえで、現地製造の許諾を出す。現地製造のメリットは、売れ残りを気にする必要がないことと、大量の商品を多くのファンに供給できること。デメリッ

トは、品質のコントロールに腐心せねばならないことと、売れ残った際、主催者に公演後別のルート（ネットなど）で値引き販売されてしまう可能性があることだ。

値引き販売することでアーティストイメージが損なわれる可能性もあるので、現地製造で交渉する場合は、契約書に売れ残った商品の販売について制限を加えた（期間、ルート、価格）条項を加筆した方がいいだろう。

セットリスト、音源、ケータリングライダー提供（2週間〜3日前）

セットリストは公演で実際に演奏する曲目表のこと。アンコール込み90分の公演であれば、アンコール時間も加味して曲数、曲順を決めておく。MC（トーク）の時間も考慮した方がいいが、言語の問題もあり国内公演ほどMCに時間を割けないだろう。

照明スタッフを現地に委託する場合、主催者経由で現地照明スタッフに音源を渡しておこう。ライブ音源が望ましいが、なければスタジオ音源でも構わない。セットリストと音源をセットにして事前に渡しておけば、現地リハーサルの際、各演奏曲のイメージや演出の確認がスムーズに行える。

ケータリングライダーとは、楽屋に準備してもらう手配書のこと。基本的な手配物としては、姿見、衣装掛け用ハンガーおよびハンガーラック、テーブル、椅子、日本からの持ち込みドライヤーを使用するためのソケットおよび変圧器などだ。

会場によっては乾燥していたり空調が効きすぎていたりして、夏は寒

く、冬は暑かったりするため、加湿器、簡易暖房、冷房器具もあると助かる。さらにリハーサルと本番に必要な演者およびサポートミュージシャン用のタオルとペットボトルの水、ストローも加えておく。水は常温と冷やしたもの両方が必要か、硬水か軟水か決めたうえでブランドも指定しておく。

　飲食物は弁当かホットミールか確認。演者にアレルギーや嫌いなものがあれば、事前に伝えておく。通常はスタッフや演者が会場に入った後の昼とリハーサル後の夕方に弁当が提供されることが多い。最近では日系の弁当店も増えているので、現地の食べ物がどうしても口に合わない場合は、事前に日系を指定しておくとよい。

　飲み物はソフトドリンクやビールが氷水入りのクーラーボックスに入っていることが多く、そこから随時希望のドリンクを選ぶ。コーヒーはインスタントが多いが、ときにはコーヒーメーカーで準備される。スナック菓子はクッキーやポテトチップスなど現地で調達したものが用意される。

楽屋ケータリングのイメージ（写真／Shutterstock）

どうしてもこれだけは用意してほしいというものは、アクセントをつけて手配書に記載しておくこと。

あるバンドの手配書には、指定銘柄のウイスキーとスコッチが必ず明記してある。開演前もしくは終演後にアーティストの高揚感や幸福感を保つために、楽屋の飲食は非常に大切である。アーティストのケータリングには気を使っておきたい。

4-7

現地音楽市場のチェック（10日前）

公演に行く国や都市のことを事前に知っておくことも大切だ。それは単に現地の天候、通貨、治安にとどまらない。ぜひとも現地の音楽シーンを吸収しておきたい。訪問地の代表アーティストの名前やその楽曲にYouTubeなどで事前に触れておけば、現地の関係者や媒体に出会った際に話題がぐっと広がる。気に入ったアーティスト名を都度連呼することで、いずれどこかで出会う機会が生まれるかもしれない。将来的にコラボレーションできるきっかけになるかもしれないのだ。

4-8

渡航スケジュール詰め（7日〜渡航前日）

渡航数日前となった。行程表を確認しよう。
- ☐ 現地空港では誰がどのように出迎えるか
- ☐ 現地到着日の仕事は何が入っているか
- ☐ 取材がある場合、メイクなど十分な準備時間があるか
- ☐ 夜は何時からどこで会食か、辛い物はないか
- ☐ 移動手段は徒歩かクルマか
- ☐ 本番当日は何時に会場へ向かうか

□ 十分なリハーサル時間が設けられているか
□ 終演後はホテルへ戻るのか、打ち上げ会場へ直行か
□ 帰国日は何時に出発すれば空港へ余裕をもって到着可能か

すべて確認し、必要があればこのタイミングで修正しておく。

その他注意事項

　カルネ（ATAカルネ）は、日本からの持ち込み機材が多岐にわたって大量にある際、税関で詳細を説明する手間を省いてくれる書類である。
　ATAは、Admission Temporaire（フランス語）、Temporary Admission（英語）の頭文字の組み合わせで、「一時輸入」を意味する。以下、財務省の税関ホームページからの抜粋となるので、参考にしていただきたい。
　https://www.customs.go.jp/kaigairyoko/atacarnet.htm

■物品の一時輸入のための通関手帳（ATAカルネ）

　ATAカルネとは、世界の主要国の間で結ばれている「物品の一時輸入のための通関手帳に関する通関条約（ATA条約）」に基づく国際的制度による通関用書類のことです。

　商品見本や展示用物品、職業用具等の物品をある国に持ち出し、仕事が終わったらその国から持ち出してまた別の国に行く、あるいは日本に持ち帰ってくるといった場合、それぞれの国で通関手続を行なわなければならず、また、場合によっては課税されることもあります。

このようなとき、ATAカルネを利用することによって、それぞれの国の税関で、都度、通関書類を作成することなく、また、課税されることなく輸出入通関することができます。

　ATAカルネの利用にあたっては、以下の点に注意してください。

・持ち込もうとする国が、ATA条約に加盟していること
・有効期間は1年以内となっていること
・利用できる物品の主なものは、商品見本、職業用具、展示用物品等ですが、持ち込もうとする国により必ずしも全部認められるものではないこと
・法令の規定により、通関に際し事前に許可・承認が必要な物品については、許可・承認書の添付が必要であること

　ATAカルネの発給は「一般社団法人 日本商事仲裁協会」が行っております。発給等に関するお問い合わせは以下の連絡先にお願いします。

発給の手続に関するお問い合わせ先
一般社団法人 日本商事仲裁協会　http://www.jcaa.or.jp/
東京事務所
　（住所）東京都千代田区神田錦町3-17 廣瀬ビル3階
　（電話）03-5280-5171
大阪事務所
　（住所）大阪市中央区本町橋2-8 大阪商工会議所ビル5階
　（電話）06-6944-6165

　カルネの書類にはすべての機材や楽器のリストが事細かに記載されている。また海外公演用に持ち込む機材なので販売や贈与目的ではないのは当然であるが、万が一楽器が紛失や盗難に遭っても輸入税や担保金を税関で払う必要がなくなる。ただしカルネはマストではないので、必要か否かはその都度検討すべきである。

諸税率について

　興行に関わる主要国の税率を以下列記しておくので参考にしていただきたい。

> 　付加価値税：台湾5%　シンガポール7%　韓国10%　香港0%　中国（モノ16%　サービス6%）タイ7%
> 　源泉徴収税：　台湾20.42%（軽減税率適用後10%）　シンガポール17%　韓国25%　香港ナシ　中国20%（優遇措置適用後10%）タイ10%

　なお、日本人アーティストの海外興行における出演費は現地の主催者が係る役務に課される源泉税をその国・地域で払うので、不課税扱いとなる。

5章

現地入りから
ライブ当日、ツアー化まで

出発前の最終チェック

　出発当日になった。改めて携行品を確認しよう。スーツケースには着替えと身だしなみに必要な常備品を入れたか。宿泊数に応じて、十分な下着などを用意しておく。また、現地で風邪を引いたり、体調を壊したり、栄養不足になることも想定されるので、風邪薬、下痢止め、胃腸薬、ビタミン剤など常備薬をピルケースに入れておくことをお勧めする。

　機内でのストレスフルな時間を少しでも快適にするべく折り畳みのスリッパ、マスク、携帯枕、携帯ミストなどもあると便利だ。そして、別途携えるリュックサックやトートバッグに欠かせないのはエアチケット、パスポート、そして財布の3つ。最悪スーツケースが紛失しても、この3つがあれば出入国はできるし、海外でも当座はしのげる。

　特にパスポートは大切なので、くれぐれも紛失や盗難に遭わぬよう十分に注意する。最悪のことを想定して、パスポート番号や有効期限を別途メモしたり、スマホに画像データを記録したりしておくこと。そうすることで、万が一紛失した場合、現地の日本大使館にパスポートを再発行してもらう手続きがより簡便になる。転ばぬ先のつえである。

空港にて

　空港には余裕をもって2時間前には到着しておきたい。到着したらまず、搭乗する航空会社のチェックインカウンターに行き、スーツケース、機材、楽器、物販など機内に持ち込めない荷物を預ける。

注意したいのは航空会社によって預けられる荷物の個数や重量が異なること。日系主要2社の場合、重量が23kg、3辺の総尺が203㎝以内の荷物を1人2個までというのが規定。よって重量が30kgのスーツケースは超過荷物扱いとなり超過金を取られるので要注意だ。

なお海外の航空会社によっては1人当たり30kgまでという、個数でなく重量規定の場合がある。例えば10人で渡航した場合10人分の合算重量規定範囲内であれば個数にかかわらず預けられるということになるので、場合によっては都合がよい。航空会社各社のホームページに詳細が明記されているので、事前に確認しておくとよい。

チェックイン後は個人海外保険の加入、Wi-Fiレンタル、外貨両替、現地関係者への手土産購入など、必要に応じて行う。なお、現地での追加両替用に日本円も少額でいいので持参しておくと、いざというときに助かる。

5-3

現地に着いたら

入国審査を済ませ荷物をピックアップした後、到着ロビーで出迎えてくれる現地主催者スタッフと合流する。荷物や機材を車に積んだ後そのまま宿泊ホテルへと移動する。その後チェックインを済ませ一休みしたら、公演会場の下見に行く。

ステージ、客席、楽屋、ロビー、裏導線など一通り確認した後、可能であればレンタル楽器や機材もリクエスト通りそろっているかチェックする。なお前日に別の催事が行われている場合は子細には確認できないことも想定しておく。そして、日本と現地の舞台、音響、照明の各チー

ムごとにプロダクションミーティング分科会を行い、最終確認をしておく。前日までに齟齬（そご）を修正し、不備を指摘しておけば、翌日の本番日にはなんとか対応できるものだ。

　到着日に媒体取材が組まれていればメイクや着替えをし、真摯（しんし）な気持ちで取材に臨む。日本と違い海外の媒体は非常に率直な質問を行う。「恋人はいますか」、「メンバー間は仲がいいですか」、「日本では〇〇と言ったうわさを聞きましたが本当ですか」など、悪気はないが、音楽とは直接関係のないゴシップ的な質問をしてくる場合がある。そうした質問に答えたくなければ、事前に質問リストをもらい該当する質問を削除しておくか、NGの質問を通訳に事前に伝えておいて、現場では通訳の段階でストップ、該当する質問が来ないよう対処する。

「到着してからどこか観光地に行きましたか」「この国の好きな食べ物は何ですか」「この国のアーティストは誰か知っていますか」など自国とアーティストの接点を質問する媒体が多い。日本のメディアが海外アーティストの来日時に日本とアーティストの接点について尋ねるのと全く同じで、この受け答えによって、現地の媒体やその読者がアーティストに対して親近感を感じてくれるものである。よって、自由時間があればなるべく現地の町並みや雰囲気を感じられる場所に行き、ローカルフードを食し、現地のアーティストの音楽を聴く機会を持っておくと大変有効である。

　なお、本番前日の食事は、辛い物や食べ慣れないもの、そして屋台のローカルフードなどは極力避け、現地主催者が予約してくれた、なるべくカラダに優しく安全で、おいしいものを食べるようにしたい。体調を壊して翌日の公演がボロボロになってしまったら元も子もない。

　またそもそも、パクチーやキムチが合わず、日本食が常に恋しいという人の場合は、日本から常食を持参していくことをぜひともお勧めしたい。某アーティストはかつて、日本の中華料理は好きだが現地の本場中華は口に合わないと言って、日本からカップ麺やふりかけを持参してきた。それでなんとか滞在中はしのいだので、結果それでよかったと納得した記憶がある。

　食事は嗜好（しこう）性の高いもので、無理に口に運ぶ必要はない。現地で食べられる料理を口にすればよく、口に合わないのであれば日本から好みの食材を持参すれば事足りるのだ。

5-4

ライブ本番日

　公演日は朝から体調を整え、しっかり朝食を取り、万全の態勢で臨みたい。日本や現地のファンにブログなどSNSでメッセージを投げかけ、自分の気持ちや意気込みをきちんと伝えておくと、ファンの心にきっと届くだろう。リハーサルでは観客が入った状況を想定して、最後列まで声や演奏が届くことを確認しておく。

　さて、公演本番。緊張感でみなぎり、汗でベトベトの手を拭いながら、1曲目を終える。思った以上に観客がノッていることが確認できた。数曲の演奏、歌唱を終えて最初のMCに入る。リハーサルで覚えた現地のあいさつは、ステージ上で頭が真っ白になり、突然忘却のかなたに過ぎ去ることも多々ある。そんなことも想定して、最初からカンペを手元に用意しておく。

　何がうれしいって、自分の好きな外タレが自分の国の言葉でメッセージを伝えてくれることに他ならないではないか。ただし長々と無理してしゃべる必要はない。通じる長さのフレーズを正確なアクセントで簡潔に伝えることが大切だ。「アリガトー！」と欧米のアーティストから言わ

れてうれしくなる日本のファンの感覚と同じだ。

　ライブ中スマホを掲げている観客を多く見かけるかもしれない。日本の公演と同様に撮影や録音は禁止と伝えても、ライブ中にスマホで撮影されることは海外では珍しいことではない。最初は慣れない光景に戸惑うかもしれないが、常に海外では逆転の発想で切り替えることが大切だ。ライブでの撮影は、その写真が後日SNSなどで拡散されるPRの場と捉えるべきである。自分を宣伝してもらっているくらいの鷹揚（おうよう）な感覚で対応できれば合格といえる。

　なお、日本語ではなく現地語や英語で歌唱しようという前向きな発想を持つアーティストもいるだろう。確かにローカライズするというアイデアはとても重要だ。しかしながらそれで注意力が散漫になるよりは、いつものように日本語で歌い、自身の歌唱や演奏に注力した方がずっといい。あくまでも自然体であることが大切だと思う。

　公演中、現地媒体による撮影が入るかもしれない。事務所がオフィシャルカメラマンを準備しても、現地の媒体は自身で撮影した写真を使用したがることが多い。その際セットリストの中で撮影OKの楽曲をこちらで指定することがあるが、媒体が撮影した写真は基本チェックできないと思った方がいい。

　まずSNSや新聞など即時性の高い媒体は、撮影後数時間以内に掲載する必要があり、いちいち確認を取れない。また音楽業界における媒体の地位が日本と比べ高く、事務所に確認を取らせることに抵抗を感じるメディアが多いことが挙げられる。そのため、媒体による撮影が入ったら、ファンによるスマホ撮影同様に、PRや宣伝目的のために露出を最優先させる気持ちで潔く迎えよう。

　海外では通常チケットに加え、高価格帯のVIPチケットを限定数販売、優先入場やステージにより近い座席をその対価として提供するが、加え

てサイン付きポスターのプレゼントや終演後ファンとの握手会などを実施することがある。ファンとのこうした交流会が設けられた場合は、積極的に声を交わし現地のファンに自分をより好きになってもらおう。こうしたファンを増やしていくことが、次のより大きな公演につながるのだから。

　また開場時や終演後に物販やCDの販売を実施する際、終了後どのCDやアイテムがより多く売れたかリサーチしておく。国ごとに売れ筋の商品アイテムが異なるし、Tシャツも色やサイズの売れ筋が各国で異なるので、興味深い。売れ残ったアイテムなど、次回公演を実施する際の反省材料になる。最近ではCDが販売されている国や地域が限られているので、音楽配信へ誘導できるようQRコードやURLが表示されたPOPを設置しておくのもよい。そして、日本から持ち込んだ物販の精算はその場で行い、現金を持ち帰ろう。

　事前発送していない限り、数量は限られている。すなわち売上金もそう多くはないはずだ。振込手数料を考えると現地主催者はこのわずかの額の外貨振込をなるべく避けたいと思っている。振り込まれないリスクを考えたら、現金でもその場で精算、翌日空港で日本円に両替する方がベターだ。

　最後に、現地アーティストと交流する機会があったら、そのチャンスを逃さないでほしい。日本公演をしたいと思っているアジアのアーティストは実に多い。ただし、実現できている人はほんの一握りだ。彼らは自国で大変な人気を誇っているので、日本人アーティストにとっては、彼らと一緒に同じステージに立ちそのファンから共感を得られることで、今後の海外展開に大きな弾みをつけることができるかもしれない。一方で彼らが日本に来たときに自身のワンマンコンサートにゲスト出演してもらうことで、双方がお互いの国でのプレゼンスを高める好機となるのだ。

　アジアのアーティストや事務所は、日本と違い非常にカジュアルであ

る。声を掛けたり一緒に写真を撮ったりとフレンドリーな面が多いので、心を開いて接触することを心掛けたい。

ライブ終了後の作業（回収など）

　海外の初ライブが終わり、現地スタッフとも空港で別れ、ようやく日本に帰国した。取り急ぎメンバーやスタッフとは「お疲れさま！」の声を掛け合い、自宅へと急ぐ。疲労した体ではあるが、頭だけは妙にさえわたっている。昨晩の熱気がまだ心に残っているのだろう。久しぶりの和食を味わい、ゆっくり湯船につかり、ぐっすりと眠る。

　翌日、まだライブ後の作業が終わっていないことに気づく。精算作業である。通常は契約書通り、ライブ公演前に指定銀行口座に出演費が振り込まれているはずだが、契約内容によっては、出演後残金が支払われる場合もある。また、契約書によって、動員の8割を超えたらオプション（追加報酬）として出演費が上乗せされるケースもある。公演日に当日券が勢いよく売れて券売が80％以上になることもあるので、その際は後日オプションを受けるための追加振り込みがなされるのだ。

　よって、弛緩（しかん）した気持ちをちょっとだけ引き締めて、現地主催者にお礼のメールを出すついでに確認の意味を込めて、オプションの振込時期と金額を必ず確認しておきたいところだ。それまではすべての作業が終わったということにならないので、留意しておきたい。

海外活動を無理せず継続

　海外での初ライブパフォーマンスは満足のいくものになっただろうか。初めてのこと続きで不慣れなため心身ともに大変だったかもしれないが、無事に乗り越えたのは、今後の海外活動を行ううえで大きな経験、財産となったはずだ。

　帰国後落ち着いてから、今回の海外パフォーマンスについて反省してみよう。

・ライブ動員
・観客の満足度
・物販、CD（配信）の売り上げ
・主催者の感想
・媒体露出

●ライブ動員

　ワンマン公演の場合、ライブ動員はチケットの売り上げと比例する。主催者によってはチケット売り上げの伸びが振るわないと、見た目を気にする演者や事務所を考慮して、関係者招待枠を増やしたり自社が保有する顧客リストから一部動員したりすることがある。

　まずは主催者から着券率（券売数に対する、当日会場でもぎったチケットの枚数比率）をヒアリングし、予定動員数に対してどれだけの客が入場したか把握する。動員は当日の天候、曜日、時間帯によっても左右される。平日の夜だと残業で間に合わない客もいるだろうし、日曜日でも悪天候のため外出をためらう遠方からの客も想像できる。

　また公演日に他の会場で別の日本人アーティストが類似ジャンルの公演を行っている場合、客が二分されることもある。上記のような動員に

影響を与える要因も考慮しつつ、予定動員数を満たした、もしくは満たさなかった理由を客観的に考える。

　動員が予想よりも悪かった場合、チケット価格が高かったのか、それとも宣伝投下予算が削られ公演自体が周知徹底されなかったのか。いろいろな原因を突き詰めていくと、次回の公演を行う際に精度の高い公演設定が可能となる。

●観客の満足度

　顧客が満足して会場を後にしたかどうかは、ライブ中の観客の表情を見ればおおよその見当がつく。ステージから全体を俯瞰（ふかん）する演者が一番把握しているのだ。現地で一番人気の高い楽曲を演奏したときの反応、声の出し方や腕の振り方、アンコールでの声の張り上げ方。いろいろな面で演者に対する待望感や満足感が分かる。

　日本と比較しての現地の客層、性別、年齢構成は、どうだったか。日本のファン層よりも現地ファンの年齢層が高く男性の割合が高い4ピースの男性ロックバンドの場合、現地ではルックスより音楽性が思いの外アピールされているかもしれない。逆に日本よりも現地ファンの年齢層が低く女性の割合が高い男性アニソン歌手は、ブームを敏感にキャッチするティーンエージャーに支持されていることになるが、浮遊層や流動層も割合的に高い可能性があり、継続的に支持してくれるかは未知数である。

●物販、CD（配信）の売り上げ

　ファンのアーティストへの思いの強さやライブに対する満足度は物販やCDの売り上げにも表れる。特にコアファンを除くライトユーザーの場合、ライブ終演後CDやTシャツを求めに物販コーナーで長い列を作ることが多い。予想以上にライブのクオリティーが高かったので、コン

サートの記念にCDを購入し、自宅で改めて楽曲を聴きたいのだ。

そんなファンたちがどのCDやグッズをより多く購入したかをリサーチすれば、今後の物販やCDのラインアップを検討するうえで非常に役立つ。ライトユーザーはベスト盤に安価なタオルやキーホルダーを、コアユーザーはニューアルバムにスエットパーカーをまとめ買いしたかもしれない。

●主催者の感想

主催者は、打ち上げでどんな感想をスタッフに漏らしただろう。「初海外公演が大成功だったので、間隔を空けずにまた来てほしい」なのか。「予想に反して動員も悪く観客のノリもイマイチだった。主催者としては努力をしたが、今回の結果を見た限り、次回の公演は日本でもっと大成功をしてから招聘（しょうへい）したいと思う」なのか。

主催者によっては宣伝費もロクにかけず、日本での人気ぶりを期待して動員を楽観的に予測したかもしれない。その際の動員不足は主催者も責任の一端を担っているので、彼らにも反省してもらう必要がある。たとえパッケージでの買い取り興行だとしても、熱意のないプロモーターとは仕事を継続する意味がない。その場合、次回の公演は別のプロモーターに興行をお願いする覚悟で臨む必要がある。

●媒体露出

一般的に現地媒体は、素晴らしいライブや話題性のあるパフォーマンスに対して好意的な記事を掲載するものだ。露出された媒体数よりも、ライブに対し正当な評価を記事として掲載した媒体がどれだけあったかがより重要となる。海外の媒体の場合、純粋にライブ評というよりはステージ上で放ったMCの内容や、音楽性というよりもライフタイルに関連した記事を目立たせることがある。極論を言えば、ゴシップ調なのであ

る。それも各国の媒体固有の個性であると捉えて、重く受け止めない方がいいが、少なくとも記事全体が演者のことを好意的に描写しているかどうかは、判断できるはずだ。

　こうして海外初ライブを多角的に自己評価し、次はどうするかを練っていく。

　初ライブが妥当な評価を受けたのであれば、これで終わりとせず継続することを強くお勧めする。個人的な経験では、海外公演をデビュー10周年記念プロジェクトの一環として実施し、次回を企画せず永遠に現地のファンを待たせるアーティストが少なからずいるので、悔しいと常々思っている。まるで海外公演を特別な機会のように捉える演者やスタッフがこのご時世でもいるのかと驚くばかりだ。仮に赤字で大損したのなら次回の興行はタイミングを見計らうなど躊躇（ちゅうちょ）した方がいいが、いくばくかでも黒字興行になったのであれば、徐々に動員を増やしていくことを前提にもっと仕掛けていくべきだと思う。

　ただし、海外活動は無理せず継続することだ。理想的には、日本国内を優先しつつ海外に年間最大1カ月程度割ければいいのではないかと考える。

5-7

新規市場の開拓、ツアー化

　海外初公演が台北だったら、次回はもう一度台北を狙うか台湾の他都市をターゲットにするか、はたまた他の国や地域に足を伸ばすかいろいろな発想がある。

　初公演地はファンベースができた大切な市場なので、2度目も間をあ

まり置かず訪れた方がいい。もちろん、次回はより大きな会場を目指す。そして、台北公演の成功を聞きつけた周辺国のプロモーターから公演の話が舞い込んで来たら、ぜひとも市場を開拓していきたいところだ。可能であれば1国1都市ではなく、2カ国3都市、3カ国5都市のように徐々に点を線や面にし、アジアツアー化を目指していきたい。

　台北からの情報を受信しやすい国や地域は、やはり同じ中華圏の香港や中国だろう。初公演の台湾プロモーターが他国にもネットワークがあれば、彼らから紹介してもらう、もしくは彼らのネットワークで中華圏ツアーを成立させることも可能だろう。積極的にコンタクトを取っていきたいところだ。

　ここで留意しておきたいのは、年間1カ月海外に割くと前述したが、日本人アーティストも海外では外タレ。頻繁に行き過ぎても海外のファンからしたら食傷気味になる。
　日本にほぼ毎年訪れて公演を行う外タレもいるが、それはよほどの日本好きか日本を主市場と考えているアーティストだろう。日本のファンも最初のうちは喜んで高価格チケットを購入し足を運ぶだろうが、毎年来るのが分かっていれば今回はスキップしようというファンも出てくるに違いない。
　ここでいう年間1カ月というのは、毎年同じ国に公演しに行くのではなく、仮に4カ国6都市がターゲット市場とした場合、ある年はそのうち3都市を訪れ、翌年は残り3都市で公演を仕掛けるというように、毎年同じ場所で公演を行わないようにするという意味だ。つまり、かの地のファンに対し飢餓感、渇望感を与え、アーティストに対する欲求を常に高めておくことが大切なのである。

　例えば、ある年に上海、台北、シンガポールでライブを実施したら、そ

の翌年は北京、香港、ソウルで公演を行うなど、常に同じ都市を周り続けないことが長期的に見て非常に重要だといえる。

ツアーに不可欠な「7つのP」

アジアツアーを練っていくうえで欠かせないのは「7つのP」だ。マーケティング用語に「4P」があるが、それにもう3つP を足して、以下7つのP となる。

Price（価格：アーティスト出演費、チケット価格設定）
Place（場所：ターゲットにする国・地域、出演イベント選び）
Promotion（宣伝：現地でいかに知ってもらうか、SNSの活用）
Product（商品：アーティストの特性、強み、アピールポイント）
Plan（計画：海外ツアーの中長期目標設定）
Point（時機：海外市場参入の適切なタイミング）
Policy（指針：海外公演の目的、最終ゴール設定）

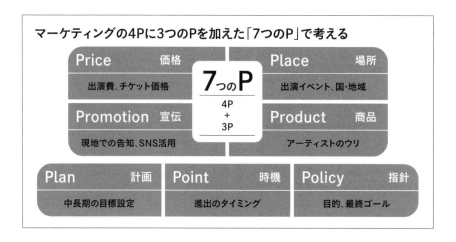

マーケティングの4Pに3つのPを加えた「7つのP」で考える

Price 価格	Place 場所
出演費、チケット価格	出演イベント、国・地域
Promotion 宣伝	Product 商品
現地での告知、SNS活用	アーティストのウリ

7つのP
4P + 3P

Plan 計画	Point 時機	Policy 指針
中長期の目標設定	進出のタイミング	目的、最終ゴール

　通常4Pは、商品マーケティングを実施する際に頻出される用語だが、アーティストの場合、そこにナマモノならではのタイミングと長期プランニング、そしてブレないための指針が加わる。

●Price（価格）

　Priceはコンサートチケットやアーティストの出演費と考える。アーティストが適正な出演費を獲得するためには、会場の収容人数とチケット価格の妥当な設定が必要となる。日本でホールを埋められるアーティストが初めて海外公演を実施する際は、ライブハウスでもよしとする判断が必要である。日本で初めて行った公演も同じくライブハウスであっただろう。考え方は同じだ。ただし、2度、3度と公演回数を増やすたびに日本国内同様海外でも動員数を増やしていく発想が必要だ。アーティストが海外で受容されているタイミングや状況に応じて、高飛車にならず、とはいえ安売りせずに適正価格のチケット、妥当な出演費を交渉していくことが重要といえる。

●Place（場所）

　Placeは出演する国、地域、都市、そしてイベントと多岐に考える。海外でターゲットとする最初の場所を決めて攻めていくのが重要だ。仮に日本文化受容度で最も参入障壁の低い台湾を最初のターゲット市場と決めたら、重点地域として同地でファンベースを広げていく。そしてそのために現地のファンに忘れ去られない頻度で訪れること。ただし毎年行くことが決してベストな戦略とはいえない。ある程度の飢餓感をあおることが肝要なのだ。台湾で一定以上の動員数を確保できるようになったら、次の重点地域をつくっていくなど、点を線にしていく作業を同時にしていく。最終的には各国、各都市の個性やファンの特性を理解しつつ、年に1回アジアツアーで数都市を周遊できるようになると、ビジネスとしても拡張できる。

●Promotion（宣伝）

　Promotionは現地主催者が行うことと日本で遠隔操作ができるSNS発信と、両方ある。とにかくアーティストのこと、そしてその公演を知ってもらうことが極めて大切なので、主催者と手を取り合って宣伝体制を築いていくことだ。券売のみならず、CDや配信も共同で宣伝できる協力体制を構築できれば一層強い宣伝展開が行える。

●Product（商品）

　Productはこの場合アーティスト自体のことを指す。アーティストの特性、強み、弱みを知ったうえでどの市場にどうやって音楽やパーソナリティーを伝えていったらいいのか、戦略的に練っていくことが大切だ。Productを商品と訳してもアーティストは生きているナマモノなので、日々変化するし、日々飛躍していく。元気一杯の晴れやかな表情のときもあれば、誰とも会いたくない不調な日もあるのだ。

　そうした変動性の高い環境下、なおさらハードルの高い海外でアーティストの強みをうまくPR、弱みをコーティングするかはスタッフの手腕が問われるところだ。

●Plan（計画）

　Planは長期計画を指す。日本国内の音楽活動ではいつまでにNHKホール、いつまでに武道館での公演を目指すという明確な指針や目標を定めて、逆算しながら楽曲制作、レコーディング、音楽商品のリリース、ライブツアーを組み立てていくが、海外の活動も同様にいつまでに台北アリーナでワンマン公演を目指す、もしくはアジア6都市でツアーを目指すなど明確な指標を立てつつプランニングしたいところである。もちろんその実現のためには国内活動をおろそかにせず、国内と海外を同時並行で充実させるだけの体力と気力が求められる。でもせっかく海外市場に明確な未来と可能性が見えたのであれば、やみくもに海外を目指すと

いうよりも、着実にステップアップするよう用意周到にプランニングすることが目標達成への最高の近道だと思う。

●Point（時機）

　Pointは時期ではなく、時機のこと。すなわち、最大限の機会を読み、そのタイミングを見計らうことだ。アーティストにもチャンスがある。日本でアーティストの年齢や人気や知名度などあらゆる面においてピークが来たタイミングで、ここぞとばかりに日本国内を一層攻めていくのはある意味正しい。ただし、一方でピーク時だからこそ海外に足を運んでおくことが、海外市場に長期間参入できる布石になるのだ。日本のピーク時に日本でだけ頑張って、ピークを過ぎてからようやく海外に目を向けた事務所やアーティストを、私自身これまで何度も見てきた。見るたびに、海外、特にアジアのことを日本の関係者は下に見てきたのではないかと、いぶかった記憶がある。そのアーティストが最旬のうちにライブを見ておきたいと思うのは、国を違わずファンの深層心理である。欧米のアーティストも売れているうちにワールドツアーにこぎ出し、ベストなパフォーマンスを各国のファンの心に焼き付けておくから、数年たった後でも、ファンの心を引きつけて離さないのだ。日本のアーティストも、自分が最も輝いているベストな時期に、好機を逃さず海外のファンの心をつかんで離さない強い印象を刻んでおくことがこれからは大切だと痛切に感じている。

●Policy（指針）

　Policyは海外公演を行う際の指針である。何を目的に行うのか。どの程度行うのか。その最終ゴールとは何か。こうした一連の指針が明確であれば、海外公演で、何をやらないか、が一目瞭然となり無駄な労力や時間をセーブすることが可能となる。

　海外ツアーで年間1億円の売り上げを目指すことなのか、中国10都市

で毎年公演を実施することなのか、アジア最大の音楽フェスティバルでヘッドライナーとして迎えられることなのか。公演国・都市数、公演回数、コミットする期間、金額等で数値化、客観的に海外事業を捉えることで、具体的な目標が決まり、そのために実施すべき案件や項目が列記できると思う。スタッフと演者がチームとなってこの指針を共有しておけば、ゴールへの途上で道に迷うことやブレることはないだろう。

ローカライズに挑戦

　日本のアーティストが海外で認知度を高める方法として、海外の市場により深く入っていくやり方がある。日本での人気が海外でも同様に広まっているケースは、一部のスターアーティストを除けばまれで、やはり海外で認知してもらうためにもう一工夫行う必要がある。ターゲットの国により深く入っていくことを、その国向けにローカライズするという表現を用いるが、理想のローカライズとは現地の言葉で歌い、トークをし、その国で受け入れられやすい服装や演出でライブパフォーマンスを行うことといえる。

　われわれにとって身近な具体例はK-POPアーティストだろう。彼らは韓国人にもかかわらず、メンバー全員が巧拙はあるものの最低限の日本語を話し、日本語で歌い、日本の女性が好みそうなファッションや髪形で、ド派手なライブパフォーマンスを演じる。それでいて、日本人アーティストが誇示しない肉体美という演出まで用意している。この時点で既に韓国人アーティストは完全なる日本市場ローカライズに成功しているのだ。

　個人的にはK-POPを嗜好するわけではないが、客観的に見てこれほ

ど緻密に計算された海外戦略を行っている海外アーティストは他にいないだろう。言語面での日本らしさと演出面での韓国独自性、両面を併せ持ったのがK-POPというモンスター市場を生み出したのである。この点については、日本の音楽業界は、韓国の音楽業界を見習わざるを得ない。海外戦略では日本よりも一日の長があると認めてしかるべき状況だ。

6章

具体的エピソードからみる

教訓

前章までを読めば、海外興行を実施するための具体的な手続きから実施、そしてさらなる高みの展開まで、一通り思い描くことができたのではないだろうか。

　ここからは筆者が体験した実例を交えてのエピソードを紹介しつつ、そこから得た教訓を読者と分かち合いたいと思う。どれも私にとって思い出深く、忘れがたい学びとなっている。

　なお、本章でエピソードを紹介するアーティスト、バンド、イベントは事情によりアルファベット表記とさせていただことをご了承願いたい。誰や何の話なのか想像を膨らませながら読み進めていくのも一興かと思う。

ロックバンドA　上海公演

「チケットに付加価値を」という着想が生まれるきっかけ

　ロックバンドＡのアジア初ツアーは2005年に行われ、私は当時レコード会社の海外マーケティング担当として全ツアーに同行した。台湾、韓国など各国・地域ではその年のニューアルバムをリリースしており、同アルバムに連動した興行となった。

　例外だったのは中国で、当時の中国共産党文化部からCD発行承認を得るのに、歌詞検閲など合わせて2〜3カ月半かかる状況であった。日本で6月にリリースされる予定のニューアルバムが、中国では9月にリリースされるイメージである。

　ファンからすればいち早くアルバムを聴きたいわけで、海賊盤が横行することになる。海賊盤業者は日本のCDを入手後、CD−Rに違法コピーし販売する。ジャケットやブックレットも見るからに海賊盤と分かる

クオリティーの低さ。それでも販売価格が正規盤の5分の1程度なので、ファンが買ってしまうのも無理はないと諦めていた。一方で常日ごろから啓発活動をしないと海賊盤ばかり売れ、現地のレコード会社の売り上げに大打撃を与えているという事実も理解した。

そんな折、経済産業省から事業委託を受け、中国での海賊盤実態調査を行う機会を得たのだった。ちょうどAのアルバム発売時期も相まって、調査にはうってつけのタイミングだった。

ファンの意識調査の結果に驚いた。もし正規盤が海賊盤と同じスピードで販売されたら、間違いなく正規盤を購入するという意見が多かったのだ。海賊盤しか選択肢がなかったから購入していたという事実は私の気持ちをクリアにしてくれた。

私の調査報告書には、海賊盤以外に、上海公演観覧後に考えまとめた提言も記載されている。それは、今日の音楽業界では当たり前になりつつある発想をアイデアとして述べたものだ。すなわち「CD、撮影券、物販付きコンサートチケットの販売案」である。

Aの初中国公演は、上海1万人体育館という、まさに1万人収容できる会場であった。そこで私は事務所から開演後のファンによる撮影制止の任務を任された。

公演中のライブ撮影禁止は日本では当たり前であるが、中国ではライブ撮影自体が黙認されている。開場時のアナウンスで「録音、録画、飲食の禁止」を伝えたにもかかわらず、開演後さまざまな座席で撮影、録画が行われていた。私を含む数人のスタッフが厳しく注意、撮影を制止するも、そこから離れるや否や雨後のたけのこのごとく撮影が再開されるといういたちごっこに。

結局開演後30分は会場を飛び回るだけで全くライブを見ることができなかったが、不思議なことに30分も経つと誰もが撮影を止め、肉眼でラ

イブを見始めたのだ。

　そこで思ったのは、どうせ最初から規制できないのであれば、撮影する権利を販売すればいいではないか、という逆手に取った発想だった。リリースされたばかりのニューアルバムCDとTシャツなど、最も売れそうな物販を1セットにして販売するセット販売は中国のファンにはうってつけではないかと感じたのだ。

　ライブ撮影券はまだ現実には存在しないが、逆にSNSの興隆でスマホでのライブ撮影を許可するアーティストが昨今増えつつある。今でこそ特典や握手券付きのVIPチケットという、海外では当たり前の券種を日本のフェスティバルや公演でも販売するようになったが、当時はまだそこまでの発想が主催者にもなかった。自身にとっては大変刺激的な機会を得られた上海公演だった。

6-2

ボーカルグループB

在留邦人は強い味方

　2004年に行われたBのアジアツアー。台北、ソウル、上海公演すべてにレーベル海外担当者として同行した。当時のBは数々のヒット楽曲をリリースし、NHK紅白歌合戦にも出演して国民的アカペラグループとなっていた。

　そんな彼らのメジャーデビュー10周年記念の一環としてアジアツアーの話が舞い込んできたのは2003年。事務所の社長からアジア各地を視察したいという話を受けすぐさま航空券を手配、3日後には出張視察を行ったのを記憶している。2000年代前半はJ-POP人気がまだ高く、K-POPや韓流がアジアを席巻する前だったので、各国のパートナーレコ

ード会社も前向きにコンサートPRのためのニューアルバムリリースを検討してくれた。

当時から変わらない重要なポイントは、コンサートとリリースは常に連動させることだ。新譜がリリースされてこそ、チケット売り上げも伸びるのは、昔も今も一緒である。当時の私はレコード会社の立場の人間だったので、現地のレーベルスタッフからBの公演主催に意欲的なプロモーターを紹介してもらい、事務所社長を引き合わせての打ち合わせを行った。

結果として台北、ソウル、上海、すべて300〜500人収容のライブハウスでのワンマンライブを提案された。予想動員数を考慮して大きすぎず、また音響、照明など付帯設備があり追加制作経費がかからないライブハウスがツアーの最適解であった。

このツアーには2つの目標があった。1つは現地アーティストとのコラボレーション、そしてもう1つは会場を埋めること。前者は上海では実現しなかったが、台北とソウルではおのおのワン・リーホン（王力宏）、V.O.Sというローカルアーティストをゲスト招待し、ステージでのコラボレーションを実現させた。日台、日韓の文化交流を実施できた意義深いライブとなった。

後者はすなわち動員を徹底させることである。ここで事務所スタッフと論争になったのは、動員対象は現地に住む外国人だけか、現地に滞在中の日本人も含めるのかということだった。

当時の私には、海外公演なのだから海外に住む海外の人に見てもらうべきだ、という強い信念のようなものがあった。それに対し、事務所社長

は「在留邦人（海外で生活する日本人）も含めて動員すべきだ」という一貫した主張があった。そのときはすぐにうなずけなかったのだが、改めて考えたらその発想も大切なのだと気づかされた。

　もちろん海外公演なので、日本人が100％動員対象となることはない。ただ、動員数のうちたまたま在留邦人が半数となっても、結果いいのではないかという発想である。

　現在、台湾や韓国のアーティストは欧米のホールやアリーナで頻繁に公演を行っているが、その動員対象は現地の白色人種系欧州人や米国人だけではなく、現地在住の中国人や韓国人だったりする。

　よく私が引き合いに出すのは華僑や韓僑の話。華僑とは自国を離れ海外で出稼ぎをする中国人を指し、韓僑とは海外の韓国人出稼ぎ労働者を意味する。造語で日本人出稼ぎ者を指す和僑という言葉もたまに使われるが、華僑や韓僑と比べると和僑は海外での結束力や密集力が圧倒的に乏しいと思う。そもそも日本人は海外では群れない。理由は分からないが、とにかく海外で日本人同士がすれ違うと、意識的に言葉を交わさないし避けるような態度をする。それが民族的な特徴であれば仕方ないのであるが、チャイナタウンやコリアタウンが世界中どこの町にもあるという事実が台湾人アーティストや韓国人アーティストが海外でライブ動員を担保できる大きな理由の一つとなっているのは間違いないだろう。

　話を戻すと、Bの事務所社長が主張する在留邦人を味方に付けるというのは、当然行うべき戦略なのだ。その戦略を実施すると決めてからは現地の音楽媒体はもちろん、在留邦人向けの日本語フリーペーパーなどに取材やPRを意識的に行った。

在留邦人には現地に根を張り生活をする日本人ばかりでなく、企業の転勤や赴任により一定期間現地で滞在する会社員やその家族、留学生なども含まれ、彼らの中には日本の文化に恋しさを感じる人間も少なからずいる。文化のカテゴリーには衣食だけでなくエンタテインメントもあり、日本人アーティストがやってくれば、やはり見たいと思うものである。

私もニューヨーク滞在中、日本のアーティストが公演にやってくると応援したい気持ちと現地オーディエンスの反応を見たい気持ちの両方で、なるべくチケットを購入、会場に駆け付けるようにしていた。自身のこうした体験があったので、在留邦人にもコンサートを見てもらい彼らを味方に付けるという発想が後から実感できたのだった。

こうした在留邦人向けのプロモーション活動が奏功したせいか、ソウルも台北も日本人が多少は来てくれた。ただ、一番動員数が多かったのは上海だったと記憶している。

その背景として、当時日本人の公演は台北やソウルで少なからず行われていたが、上海公演は付帯設備の充実したライブハウスが限られていたため、日本人アーティストによる公演自体が珍しかったことが挙げられる。

ライブを行った会場は日系資本の入った新設のライブハウスであったため、音響や機材周りで比較的融通が利いたこともあり、日本人アーティストの公演数が同ライブハウス開設後徐々に増えていったのだが、当時はまだBの現地ファンの動員や彼らに対する告知が追い付いていなかった。そのため在留邦人に対しPRや告知を徹底し動員数を増やせたことはうれしかったし大変ありがたかった。

Bを見に来てくれた在留邦人の平均年齢は、比較的高かったと思う。当

時の日本でのファン層も比較的高かったが、現地赴任のビジネスパーソンやその家族が応援に駆け付けてくれた印象がとても強かった。彼らにとっても、日本では大ホールやアリーナでしか見られないBの公演を至近距離で見ることができたのはメリットだったのではないかと思われる。

ガールズバンドC
スタッフによる戦略のたまもの

　現在、日本で最も動員力がある現役のガールズバンドといえばCだろう。メジャーデビューから2021年で13年が経過した。スタッフワークもさることながら、メンバー4人の努力と結束力がここまでアーティスト寿命を延ばしているのだと実感する。

　初めてライブを見たときには、まさかここまで続くとは正直思わなかったのが本音だ。私が初めて彼女たちに会ったのは2007年11月。確かバンドを結成して1年後の名古屋での学園祭だった。そもそもの成り立ちは、当時メンバーが通っていたダンススクールの校長が練習生の中から思いつくままに4人を選び、彼らに恣意（しい）的に担当楽器を指名、練習させたところからのスタートだったはずだ。すなわち、当時の彼女たちはダンサー志向ではあったが、楽器を弾くことはおろかバンドを結成する意思はなかったことになる。当初は2週間で楽器が弾けなかったらメンバーを変えるかバンド構想自体を止めるようだったのだが、始めてみたら4人とも楽器の演奏に興味を深めていき、1年後には地元の学園祭に出演するまでに至ったのだ。

　名古屋で見た彼女たちのライブは、極めて印象の薄いものだった。どこにでもあるようなポップスをバンド仕立てで演奏しており、いくらでも替えの利くバンドがいるというネガティブな感想のままその日は帰京

した。それから1カ月後、当時私が勤務していたレコード会社が彼女たちとメジャーデビューをする前提でインディーズ盤を複数枚リリースする契約を交わした。インディーズ盤をいかに話題性高いものにするか、それがメジャー盤を出す前の非常に大切なミッションとなったのだが、当時同レコード会社で海外戦略を新たな事業として立ち上げたことと、Cというバンドの企画性がタイミングも含めぴったりマッチした。すなわち、インディーズ盤の話題を「女子高生バンドのUSツアー」で組み立てるという企画と昇華させていったのだった。

　当時のバンドメンバーは15歳が1人、16歳が2人、18歳が1人という構成だったので、実質的に女子高生バンドであったし、制服を着たバンドとして米国でツアーを行うのは、現地媒体やオーディエンスに対しても確実に話題になるとスタッフ間で意見が一致した。当時はMyspaceとYouTubeが市場に出回り始めたばかりでアーティストの宣伝ツールとして新鮮で有効だと考え、彼女たちのデビューまでのストーリーをフラッシュアニメーション化、エピソードごとにYouTube上にアップしていったり、アニメーションの声を彼女たち自身が声優として参加したりと、意欲的なトライアルを多く行った。

　Cが参加した米国ツアーは、SXSW（サウス・バイ・サウスウエスト）というテキサス州オースティンで毎年行われている音楽カンファレンスの「JAPAN NITE」という日本人アーティストが出演するショーケースの特別版。日本人バンドが4、5組出演する「SXSW JAPAN NITE USツアー」だった。ニューヨークを皮切りに、ボストン、シカゴ、デンバー、シアトル、サンフランシスコ、ロサンゼルスまでの全7カ所、7公演を行うツアー。各会場は300人前後だが、サンフランシスコは1000人近く入る有名なライブハウス。同ツアーを告知するフライヤーには実写のアーティスト写真を掲載する他のバンドとは対照的にCだけアニメ画像で、ティザー的な露出効果を狙った。「謎のガールズバンドが現れる

?」といったミステリー感が面白いのではと考えたのだ。

　ここまでストーリーを組み立てながら、ふとある疑問が浮かび大きな壁にぶつかった。興行ビザ申請については自分自身初めての経験だったので、欧米に明るい関連部署のスタッフに尋ねると、申請から受理に要する期間や費用もさることながら、申請のための提出書類が非常に多いとのことだった。個人情報から本人面接まで、米国のビザ申請は確かに規制や条件が厳しかったとうわさでは聞いていた。そこまでは理解したが、次の言葉でショックを受けたのだ。

　「米移民局に対して、その日本人バンドがどれだけ米国で興行をするに足る要件を備えているか、すなわち日本でのライブやリリース実績が重要です。具体的にはレコード評やライブ評の媒体記事を最低20件以上提出することが求められます」

　まだデビュー前でライブもCDも出ていない。どうやって20件など集められようか。途方に暮れてレーベルの制作担当者にこのことを告げると、一つ間を置いて、こういう苦肉の策があると彼が伝えてきた。「間もなくリリースされるインディーズ盤のレコード評がフリーペーパーで掲載される。編集部に依頼して前倒し掲載してもらおう」

　なるほど！　メジャーの音楽誌だと掲載日の調整は到底不可能だが、フリーペーパーの編集者に無理を言って前倒してもらうことは可能かもしれない。でも20件はないだろう。「ネット上に掲載されている過去のライブ評も集めればなんとか15件は集められるかもしれない」。制作担当者からの回答に、じわじわと可能性を感じ始めた。その後収集したパブリシティーの数は結局15件近くになった。欧米担当者いわく「ギリギリなんとかなるかもしれない」ということに。

　すべてのレコード評、ライブ評の記事を英訳して期限までに移民局に提出。その後2カ月近く待っただろうか。3月中旬の渡航日が迫る中、ようやく移民局から連絡が入り、本人面接を在日米国大使館で行う予約を

取った。渡航日を直前に控え、無事面接を終え、スタッフ一同ホッとしたのだった。当時10代のCのメンバーにとって、USツアーはさぞかし刺激的なものだったに違いない。ニューヨーク滞在初日、ツインルームに宿泊していたメンバーから早朝にドアノックで起こされ、部屋に行ってみるとトイレのドアを内側からロックしてしまい入れないという事態に。ホテルのスタッフにすぐ来てもらい対処したが、この先果たしてどうなることやらと不安な気持ちになった。まるで女子高生の修学旅行に同行する男性教諭の感覚だった。

　果たして3週間近くに及ぶUSツアーは、各地大盛り上がりだった。当初海外のオーディエンスの前で演奏することに不安を感じていたメンバーもツアーが進むにつれ、演出面や技術面において進歩を遂げ、最終日のロサンゼルスでは、堂々としたステージを行っていたのを記憶している。途中シカゴ発デンバー行きの便が大変混んでおり、結果乗り遅れたため、サウンドチェックやリハーサル時間が取れない状況の中、出演を断念するという事態も起きたが、病気も盗難もなく無事に全行程を回ることができた。

　どの都市でも言われたのは「本当に女子高生なの？　上手だね！」「制服ファッションが新鮮で格好よかった」という褒め言葉。当時から日本のポップカルチャーは、アニメやコミックを中心に全米でも人気が広がりつつあった。そんな中、制服に身をまとった女子高生が、YouTube上でアニメーション動画をシリーズ化してアップ、ティザー感を目いっぱい打ち出してのツアーだったこともあり、話題性という点で日本国内へのフィードバックも行えた、メジャーデビューへの弾みとなったプロジェクトだった。

　総じて、このツアーはスタッフの機転や大胆な発想力があってこそ勝

ち得たものだと今でも実感している。こうした奇想天外な発想力やクリエイティビティーこそが、新たなことを成し遂げる際に必要欠くべからざるスタッフワークなのだと思う。

女性アーティストD

現地でカバーされている アーティストは根強い

　中華圏では1980年代をピークに日本の楽曲をカバーする風潮があった。80年代の中華圏ではソングライターの層が薄く、身近にあった日本人アーティストの楽曲をローカルアーティストがカバーするという便利で効果的なアプローチが採用されていた。特にバラードは中華圏で好まれるジャンルの一つで、秀逸な日本のバラード曲を現地語化、うまく取り入れることで、台湾や香港での現地アーティストによるヒット曲が量産されたのだ。

　香港の最高級ホテル、マンダリン・オリエンタルから飛び降り自殺した香港のビッグアーティスト、レスリー・チャンは、山口百恵の『さよならの向こう側』をカバー。自身の公演でよく歌唱していたほどこの楽曲に愛着があったようだ。あたかも自分の持ち歌のように同曲を昇華させていった彼の姿勢から、『さよならの向こう側』は単なるカバー曲にとどまらないほど、本人への影響力があったと感じる。

　このように中華圏でカバーされた楽曲を持つアーティストとして、サザンオールスターズ、中島みゆき、徳永英明、安全地帯など枚挙にいとまがないが、彼らの中で頻繁にアジアで興行を行っているアーティストは決して多くない。なぜだろう。

　理由はいくつか考えられる。あるアーティストは日本のステージ制作

や演出には安心できるが、ステージ環境にリスクのある海外まで出向いてわざわざ公演する必要がないと思っているのかもしれない。またあるアーティストは日本だけで十分稼ぎがあるので、少しの稼ぎのために海外にわざわざ足を運ぶ必要がないと感じているかもしれない。はたまた、海外の食事が口に合わないし言葉の壁もあるので面倒くさいという単純な理由かもしれない。いずれにせよ、それ相応の理由があるのであえて海外公演を無理強いする必要はないと思う。ただ一方で、せっかく海外にファンがいるのになぜ行かないのか。せっかくの機会ではないかという気持ちもある。

　私がよくチェックする中華圏で楽曲カバーされている日本人アーティストリストから、複数のアーティストにアジア興行を打診した（現在も打診中）ことがあるが、そのうちの一人が女性アーティストDだった。彼女の複数の楽曲が台湾や中国のアーティストによってカバーされ、カバー曲を通じて本人自体が知られていた。偶然売り込んだ中国のプロモーターから好反応が返ってきて、事務所に早速アプローチをしたところ、「やりましょう」という快諾の返事があり、中国公演が比較的スムーズに進んでいった。

　もちろん中国公演のリスクも説明し納得してもらったうえでの話だったので、こちらとしてもプロジェクトを進めやすかった。条件も悪くはなく、こちらもその分気合を入れて向き合わなければいけないと思った。そして海外で自身の持ち歌がカバーされているアーティストは改めて動員力や認知度において強いと実感した。2018年は広州と深圳の2都市で中国ツアーを行ったのだが、どちらの会場も大きなホールであるにもかかわらずキャパシティーの8割近くは埋まった。

　このことを経験して、今後もチャンスを逃してはいけないとつくづく感じた次第だ。海外で自身の楽曲がカバーされていて、海外興行はおろか海外との接点を持たない日本のアーティストがまだまだ多数いること

を思うにつけ、理由はさておき文化交流をしましょうよ、と声を大にして主張したい今日このごろである。

男性アーティストE

どこでどう話が転がるか分からない

2006年にデビューした男性アーティストEは、同年12月に台北の野外で行われたLOHAS（健康と地球環境に配慮したライフスタイルを目指す）イベント「SIMPLE LIFE」第1回に出演することが決まった。これは当時の台湾音楽フェスティバルとしては画期的で、テーマが示すよう自然との共生やリサイクルの創造など環境保護に訴えるイベントで、演奏も基本は全アーティストがフルバンドではなく、アンプラグドやアコースティック形態でのライブだった。

Eが台湾で出演した初のイベントでもあったが、Eという名前自体、現地の観客のほとんどが知らないというアウェーでの出演でもあった。その日は台湾の人に知ってもらうためのあいさつ代わりの出演として割り切った面もあり、本人もマネジャーも割と気持ちよく夜の打ち上げを行った記憶がある。

イベント出演後の楽屋で、当時本人が所属していたレコード会社の台湾パートナー会社のスタッフから連絡があった。それは、ある台湾の映画監督がEのスタッフに会って話をしたいという旨の内容だった。

そのときは誰なのかもどんな内容かも分からなかったが、夕食の席を中座してマネジャーと2人でとりあえず会って話を聞くことになった。喫茶店で待ち合わせた監督と名乗る人物は、見た感じ大学生か浪人生といった風体で、どう見ても映画監督には見えなかった。ただ、語り掛ける

まなざしには純粋さとひたむきさが感じられ、真剣に僕らを説得しようという雰囲気が言葉を超えて伝わってきた。

　なんでも彼が来年自身初監督作品の撮影に入るのだが、その中のキャストとしてE本人に役者として出演してほしいとのこと。その話を聞いて、本人は演技もできないし難しい、と丁重にお断りしようと思ったのだ。しかし本人にはそのままE役として出てもらえれば十分だし、演技も求めてはいない、素のままの出演でお願いしたい、という依頼だったので、とりあえず作品内容や出演条件を教えてほしいと伝えてその日は分かれたのだった。

　その後、監督から映画の内容を記載したメールが届いた。あらすじは、台湾で日本語を教えていた日本語教師と台湾の女子学生が恋に落ちるが、第2次世界大戦後、教師が日本に帰国することになり2人が無残にも離れ離れになるという、ほろ苦いストーリーだった。台湾と日本の関係史も背景にあり、なかなか興味深い内容だと分かった。
　出演費は決して高くなかったが、本人が日本語教師とE本人の1人2役で出演すること、映画の挿入歌としてデビュー曲を歌唱できることが脚本で分かったので、宣伝のために話を受けることにした。

　翌年の2007年は1年間で撮影のために2回台湾を訪れ、墾丁（ケンティン）という台湾南部のビーチリゾートで本人役をメインに、台北では日本語教師役のパートを撮影した。墾丁での撮影は2週間近くあったが、歌手を本業としている本人からしたら役者として映画の撮影に臨むのは相当大変だったのでは、と今振り返ってもその並々ならぬ苦労は想像できる。マネジャーも私も撮影期間は全行程同行したが、ローカル色強く食べ慣れないお弁当と待ち時間の長さは、体験しないと分からないものだった。

そうこうするうち、撮影がすべて終了した。日本のスタッフからは「この映画は本当に公開されるのだろうか」という疑問符が頭に浮かんだ。実際、私自身その点に関しては100%自信を持って答えられなかった。なぜならば、この作品は監督にとっての初作品で、実績がなくスポンサーも付かなかったのだ。配給会社だって自信を持って買い付けるとは思えなかった。後日談で聞いた話では、監督自ら自宅を抵当に出して予算をこしらえ、納得いく作品づくりに徹したのだという。

　年が明けた2008年春ごろ、監督のスタッフから連絡が来て、夏に公開が決定したので日本でも公開できるよう関係者に働きかけてほしいと依頼があった。とにかく公開されることになったと聞き、スタッフ一同ホッと胸をなでおろした。その後トレーラーが送られてきて、E本人のパートをしっかり確認し、いよいよ台湾現地の公開日を迎えた。

　公開して数日後、台湾の関係者から現地での動員が好調だと報告があった。その後みるみるうちに報告内容の規模が大きくなっていき、動員数と興行成績が記録を塗り替えつつあるという話になった。最終的には台湾の映画興行記録でハリウッド映画『タイタニック』に次ぐ歴代第2位の記録となったのだった。それを知り、われわれスタッフは全員で大喜びした。こんなに映画が大ヒットするなら最初からもっとギャラをもらえばよかったなどと冗談が飛び交ったが、何よりもうれしかったのは、本人の名前と楽曲が台湾中に知れ渡ることになったことだ。

　デビュー曲は現地で大ヒット曲となり、台湾の街を本人が歩いていると通りですぐ気づかれる存在となった。この余勢をかって2009年に行われたEの2度目の台湾公演は3000枚のチケットが売り切れる大盛況となった。そして一番よかったのは、自身の財産と人生を賭けたウェイ・ダーション（魏徳聖）監督が瞬く間に時の人となったことだ。台湾映画監

督でホウ・シャオシェン（侯孝賢）と並ぶ有名監督になったのだ。

魏監督はその後も日本と台湾の史実に基づいた映画を何作も公開するのだが、本人自体は成功と富を手に入れた後も決しておごることなく変わっていない。名声も地位も得た後で初心を忘れない監督と数年に1度会うたびに、この人は本物だと思う。

話は元に戻るが、このように台北の野外フェスに偶然出演したEが、これもたまたまその場に居合わせた映画監督に見いだされ、映画出演を決意し撮影。その作品がまさか台湾映画の歴代興行記録になるとは誰が予想し得ようか。

日本国内でもそうだが、海外での人との出会いはひょんなきっかけからとんでもない話に転ずる場合がある。それがこのエンタテインメントビジネスの面白さであり、奇想天外さであり、醍醐味（だいごみ）なのだとつくづく思う。だから、迷ったらその仕事は受けたほうがいい。拒否することは簡単だが、そこから先は何も生まれないのだから。

6-6
ジャパンカルチャーフェスティバルF
ジャパニメーション、ジャパンポップカルチャーは最高の日本語学習教材

フェスティバルFは、シンガポールを中心に東南アジアで毎年定期開催されている日本のアニメ、コミック、ゲームを中心に扱ったフェスティバルである。2008年の初開催後、シンガポールの企業が中心となってもう10年以上継続している。日本からも多くの関係者が出展し、オリジナルの商品を販売したり体験型のブースを作ったりと、現地のファンをさまざまな角度で楽しませている。

こうした出展ブースエリアと同エリア内で行われるミニステージに加え、Fを一番盛り上げてくれるメインイベントが会期中毎晩行われるアニソンコンサートである。その名の通り、日本のアニソンシンガーを中心としたアーティストが複数組パフォーマンスを行うもので、毎回現地の人気投票を元に出演者が決定される。チケット価格は上記出展ブースエリアへの入場料および日中のイベントステージへの参加料込みで、会場最後部の立ち見エリアが1日券約8000円。最高価格はVIPチケットと呼ばれる出演アーティストの直筆サイン入りポスターが当たる抽選付きの着席チケットで1日券約1万4000円。前売りで最初に売り切れるのがこのVIPチケットだ。高価格帯にもかかわらず、アーティストを間近に見られる付加価値付きVIPチケットに人気が集中するのは納得できる。

　このアニソンコンサートに当時私の所属する会社が出資参加しており、アーティストブッキングとコンサート制作を共催社として主催社と他のパートナーとともに担っていた。2013年のジャカルタ公演は今でも鮮烈な記憶として残っている。
　Fのジャカルタ開催はその当時2回目だったが、このとき参加した6組のアーティストは、誰もがその名を知るそうそうたる顔ぶれだった。ジャカルタ市内のショッピングモールで記者会見を行い、衆目を集めた露出も行われた。会場はジャカルタコンベンションセンター（JCC）という市内の中心に位置する便利なロケーションだったが、ライブ会場はドーム型のかなり大きな場所だったので動員できるか当初不安だったが、チケットも事前に9割近く売れていた。

　出演者の中には当時まだ大衆認知されていなかったBABYMETALもいた。「イジメ、ダメ、ゼッタイ」は当時かなりインパクトのある楽曲名だったので、個人的に興味を引かれたが、日本ではまだNHKホールでワンマン公演を行い、多くの夏フェスに出演していた、いわゆる大ブ

レイクの前だった。

　そのBABYMETALが骨バンド（カラオケの当て振りバンド）で1組目に出演したのだが、会場は最初から総立ちで相当な熱気に包まれていた。飛行機で日本から7時間のイスラム大国インドネシアの首都ジャカルタでも、SNSを通じてここまで認知されていたのだ、と最初驚いた。何しろ彼女たちは厳密にはアニソンは歌唱していなかったのだ。

　45分間のライブステージの後半戦、いよいよ当時の彼女たちの代表曲「イジメ、ダメ、ゼッタイ」のオープニングが始まると、オーディエンスの熱狂は最高潮に達していた。曲のさびで「イジメ、ダメ！」と両手をクロスさせてフロントの3人が飛び上がると、観客も一斉に同じポーズで同じ言葉を叫びながら飛び上がった。

　それまで欧米のアニソンイベント、ジャパンカルチャーフェスティバルを何度か現場で目撃、体験していたので驚愕（きょうがく）というほどではなかったが、ポーズや歌詞も含め完全コピーしているインドネシア人ファンの日本文化習得度、そしてMCをほぼ理解する日本語習熟度には改めて頭の下がる思いがした。

　自分に置き換えてみると、当時10代の自分が欧米のロックバンドの来日公演を観に武道館へ行ったとき、ボーカルの英語のMCを理解できたかというと、全く分からなかった記憶しかない。欧米アーティスト好きな僕らにとっての英語の教科書がレコードだったとすれば、インドネシアの彼らにとってはアニメーションやジャパンポップカルチャーが日本語教師なのだろう。

　アニメ作品や日本の文化に夢中になり没頭するあまり、言葉を自然と学習できたのではなかろうか。好きなアニメーションを理解するためには日本語理解がマストなのだろう。そこに描かれているストーリーや日

本人のメンタリティーも含め、世界中のジャパニメーションファンは日本文化を理解しているのだと思うと、われわれももっと海外を意識して、その国の文化や歴史を学ばなければいけないのではないかとつくづく思う。

7 章

アジアで成功するための

条件、方法論

現地のファンやスタッフを
心底大事に思う心

　本章では、アジア市場で成功できるアーティストの条件について、経験則を元に述べたいと思う。

　まず大切なのは、アジア各国を日本と対等に思える心持ちだ。誤解を恐れずに言えば、日本人の多くが、欧米に対し憧れとコンプレックスを、アジアに対しては優越感を持っているのではなかろうか。もちろん、K－POPやコスメに代表される韓国文化に対して日本の若者が好意的だったり、中国人女性のメイクが完璧だと称賛する言葉として「チャイボーグ」なる造語が生まれたりと、若年層を中心にアジアを意識し、彼らに好印象を持ちつつあるのは事実かもしれない。

　ただ、それも日本国民の一部である若年層が、これまた韓国や中国の文化的一面を取り上げただけで、日中、日韓の国民同士がお互いに対等な関係で付き合っているかは疑わしい。

　欧米人に対する日本人のコンプレックスと憧憬（しょうけい）の背景はどこから来るのか。それは戦後敗戦国となり駐日米軍すなわちGHQ（連合国軍最高司令官総司令部）からもたらされた新鮮なフード、そして斬新なファッションやポップカルチャーが大きく影響したのかもしれない。ただ、時代はそれから70年以上経過し、アジア各国の人たちが日本に移住している。経済力に加えて、エンタテインメントの発展も目を見張るものがある。

　今こそ、われわれ日本人が学ぶべきことが他のアジア諸国から大いにあると感じる真摯な姿勢が大事ではないか。今や日本はアジアNo.1の大国ではない。中国が経済、人口ともに1位だし、大学ランキングでも中

国の清華大学が1位だ。

マンション価格も銀座の一等地より北京や台北の方が高く、中華系企業が日本の土地や物件をどんどん買いあさっている状況だ。80年代にソニーがマンハッタンの一等地に土地を買ったときの米国人のショックと同様、日本人も中華系のビルやマンションが都内に増えるたび、がくぜんとしているのかもしれない。

それでも日本には他のアジア各国が称賛するおもてなしの精神やきめ細やかさ、サービスの徹底度などまだまだ優れている面が多い。だからこそ、これだけ多くの外国人旅行者が毎年訪れてくるのだ。日本人は自分たちがそれだけの価値を持っていることに気づかない。またたとえ気づいても、どこか自信の持てない国民性だ。それこそが控えめの美学なのかもしれないが、積極的な他のアジア人が率直に意見を述べる時代なのだから、負けずにもっと発言した方がいいと思う。

強調したいのは、日本はアジア共同体として同胞たちと早く手をつなぎ、欧米に進出すべきということだ。実際、アジア各国は日本以上に欧米に進出している。中国人や韓国人のマーケットはわれわれが思う以上にチャイナタウンやコリアタウンを中心に海外の各国、各都市で広がっているし、C-POP（チャイニーズポップ）やK-POPは欧米のホールやアリーナ会場を埋めているのだ。われわれ日本人は歌唱力やマーケティング力、語学力において、中国人や韓国人の絶え間ない努力を見習うべきで、さもないと日本の音楽業界は早晩ガラパゴス化してしまうだろう。

食事が口に合うかどうかはさておき、その国の人たちへのリスペクトがない限り、日本は他のアジア諸国から見向きもされないまま取り残されてしまう。やるのは今しかない。日本の業界関係者、アーティストの皆さんにぜひその点をご理解いただきたい。

ローカライズをいとわない 気持ちと努力

　K-POPアーティストのすごさは、幼少期からアーティスト養成学校に入りダンスやボーカルレッスンを行うのはもとより、外国語の習得を行うことだと思っている。

　もちろん、ダンスのキレや歌唱力はアーティストに不可欠な要素であり必須の武器だろう。それはどの国のアーティストも同じように汗を流し時間を費やし、研さんしている必須科目だ。外国語の習得については、これまで世界中を見渡しても必須科目に入れたアーティストに出会ったことがなかった。K-POPが海外戦略を意識していることの表れであり、これがK-POPを息の長いジャンルとしている秘訣なのだと納得する。

　もしK-POPアーティストが、ダンスとイケメンだけでアピールし、韓国語で歌唱していたら、ここまで日本でブレイクして長期にわたってチャートを席巻することはなかったであろう。韓国の音楽業界は自国の市場が小さく、好むと好まざるとにかかわらず海外戦略を打ち出さねばならなかった。そして身近にある最大の市場、日本を照準とした。

　韓国の音楽業界は自国のアーティストに日本語で歌唱やトークをさせ自らを日本人化、すなわちローカライズさせないとマーケットに入り込めないと気づいていた。そこで日本語教育を徹底したのだろう。言語習得の課程でその国の文化もセットで学習することになる。そのため韓国人アーティストは日本語学習のプロセスを経て、日本の文化も無意識に学んでいったのではないだろうか。それがテレビやステージでさりげないしぐさや言葉として表現され、結果、日本人の心にすんなりと入っていったのだと考える。そこには一切のためらいや羞恥心は恐らくなかったのだろう。そこが韓国人の躊躇（ちゅうちょ）しない潔さだと思う。

　世界中で市民権を得たK-POPは、最近韓国語バージョンでも若年層を中心に受け入れられていると聞く。韓国語の歌詞を理解するため、韓国語を学習する日本のファンも増えているようだ。ただそれも、K-POP黎明（れいめい）期に各国で行われた言語戦略が功を奏し、大成功を収めてからの話である。

　むろん、ローカライズがすべての局面でマストだと断言するつもりはない。例えばC-POPの場合、台湾人アーティストが日本語をマスターしてから来日公演をするケースはまれである。理由として中国本土が台湾人アーティストにとっての最大市場であり、日本に対する憧れはあるものの、日本に腰を据えて活動しようという意識はないのかもしれない。

　それにもましてC-POPの魅力は歌詞にあると思っている（ではK-POPの歌詞には魅力がないのか？という話ではない）。C-POPを市場とする中華圏では、昔からバラードが好まれてきた。バラードには深淵（しんえん）な歌詞やメッセージが乗せやすいということが譜面割りも含めてあると思う。

　台湾が生んだ中華圏最大のバンドMAYDAY（五月天）。彼らの歌詞は日本語に翻訳して歌唱することがまず困難だ。そのため来日公演では彼らの魅力である中国語詞を日本人にも理解してもらおうと、演奏中スクリーンに対訳が流れる。その詞を見て、心にグッと刺さる日本人ファンは少なくない。

　このように、場合によっては歌詞まで現地語化するローカライズが必ずしも正攻法とはいえないかもしれない。それでも、最低限のローカライズ、それはファッションやトークでもいいのだが、その国のトーン＆マナーをしっかり把握しておくことが現地のファンを獲得し、その国で人気を保つ秘訣なのだ。

本物の歌唱力

「今さら何を?」と言われてしまうが、当たり前のことがとても大切である。歌唱力はシンガーとしての資質だ。バンドであれソロアーティストであれ、インストゥルメンタル音楽でない限り歌唱力が問われる。アジアでさまざまな国のアーティストのライブを見る機会がある。楽曲のクオリティーはさておき、歌唱力でダメだと思ったことは一度もない。そもそも歌唱力の低いアーティストがデビューできることは海外では皆無なのだろう。

　一方、日本人アーティストには、大声では言えないが歌唱力で海外に打って出られるのか疑問なケースがある。少なくともアジアや欧米では、一部の例外を除き、歌唱力に不安のあるアーティストがデビューできる可能性は低い。

　日本では、雰囲気モノや下手ウマという通俗的表現通り、ファッション、ルックス、楽曲、演出、個性のいずれかでデビューできてしまう音楽業界全体の慣習があり、それを受け入れる国民性もある。それが「ネオテニー」（幼児性）と言われる、日本のポップカルチャー研究者に表現されるような日本特有の個性的なアーティスト性を生んでいるのも事実ではある。

　よって、現在の日本の音楽シーンが決して悪いとは思わない。ただし、海外に打って出る、そして継続的に海外でプレゼンスを高めていくからには、歌唱力を無視することはできない。

　その点で、欧米やアジアの業界人そしてオーディエンスの要求は比較的高い。実際、海外で人気が高い日本人アーティストの多くは、最低基準の歌唱力を満たしていると思う。いくら演奏力が高くても、歌い出し

て「あれ?」って思われたら、そのバンドにはなかなか特等席が回って
こない。だから、ライブでは真価が問われる。

　音楽業界では、アーティストのレコーディングで歌唱を何テイクも録
音し、後でディレクターがパンチイン、パンチアウトという技法で継ぎ
目なく各パートのベストテイクを1小節ずつ継ぎ合わせていくデジタル
音声編集技術がある。確かに聴いている分には継ぎ目が全く感じられな
いので違和感がないが、その分、ライブを行う際は、ディレクターを含
めスタッフ全員がアーティストに対し、ちゃんと歌えるかドキドキした
経験を持っているはずだ。

　もし海外で成功したいと思っているアーティストの方が本書を手に取
っているのであれば、歌唱力を鍛えるか、海外は諦めて国内に専心する
か、腹を決めた方がよいと思う。

7-4

ルックス

　歌唱力とともに大切なのは、持って生まれた才能、ルックスである。
テレビに加えYouTube、TikTok、Instagramなど動画媒体が大半の
今、ビジュアルアピールが強い人は、音楽業界でも生き残れる可能性が
高い。もちろん、これまで述べてきた複数の不可欠要素があっての話で
あり、ルックスだけよくても話にならない。むしろ、多少ルックスで見
劣りしても圧倒的な歌唱力を持つアーティストの方が生存率はずっと高
い。今この時代だからこそ、よいルックスの許容範囲が広くなり定義に
ついても多様性が生まれているので、一概に何がベストなルックスなの
かという議論は、意味がないかもしれない。メンバー10人を超えるアイ
ドルグループがK-POPにもJ-POPにも散見される。個々のメンバー
を単体で見ていくと、それほど美人だとかイケメンではなかったりする

が、総体として見ると、なるほど美を全体で醸し出していることが分かる。これはグループ売りの強みだ。

　1970〜80年代の日本のアイドルは男性も女性もほとんどがソロ、もしくは多くて3、4人のグループだった。この時代のアイドルはソロで売り出せる個性、ルックス、歌唱力がそろっていた。また当時の国民的歌手という言葉に表されるように、老若男女問わず好みに対して一定の基準があり、また好みが特定の歌手に集中していたのだろう。3、4人のグループなら顔と名前を覚えるのは容易であったし、各メンバーのキャラクターも際立っていた。今ほどアーティストの数が多くなく、音楽ジャンルも細分化されていなかった。

　昨今のアイドルグループの場合、ファンも個々で嗜好（しこう）性が異なっており、これら多様な嗜好に対応できるよう複数のメンバーを起用していると考えている。メンバーの数が増えればそれだけさまざまな嗜好のファンが各メンバーに飛びつくわけだ。選択肢を増やすことでファン数も増やすマーケティング手法が現代の風潮にぴったり合致しているという話である。

　台湾のバンドではルックスより個性や音楽性を重視するアーティストが現れ、ファンも確実に取り込んでいるが、台湾、韓国、香港、中国など東アジアでは基本ルックスの悪いアーティストは売れないしメディアに取り上げられない。アジアには美を追求する国が多いのだ。総じてルックスは昔も今もアーティストにとって大事なセールスポイントの一つなので、日本同様、海外に打って出られるよう常に美を意識しておくことが大切である。整形をしなくともメイク技術でどうにでも変われる今、ルックスでアピールするという戦術は準備しておいた方がよい。

つぶやくマメさ

　アーティストという職業は、普段は無口でもステージで自作曲に込めた思いをとつとつとオーディエンスに伝え、喜びや悲しみをパフォーマンスを通じて表現、楽曲を感動へと昇華させることを得意としている。ラジオやテレビで冗舌に話せる技術はあればベターだが、アーティストに不可欠とは思わない。餅は餅屋で、話す技術はラジオのDJやテレビの司会者に委ねればいいのである。

　だが、ラジオで冗舌に話せなくても、"つぶやく"ことは大切だ。現在はSNSの時代。とにかく発信することでファンベースを創り上げることがアーティストにはあまねく求められている。たとえスタッフが代行で書き込みをしても、自身の言葉や表現でなくてはメッセージが伝わらず、ファンは次第に離れていくだろう。

　海外では一層発信力が求められる。海外のファンにとって日本のアーティストは年に1度訪れるかどうかのめったに会えない存在だ。SNSは海外のファンとアーティストをつなぐ貴重なコミュニケーションツールであり、これを有利に生かさない手はない。

　私がアジアで公演やツアーをする日本人アーティストに伝えることは、「マメにつぶやいてください」という一言だ。つぶやけばつぶやいただけ、アーティストとファンの距離は縮む。日本語でいい。ファンはGoogle翻訳を活用して、自分の好きなアーティストが何をつぶやいているのかどうにか理解できる。

　つぶやこう。メッセージを発信しよう。マメになろう。日本だろうが海外だろうが同じ感覚でいこう。間違いない。それを続けることで確実にファン数は増える。ぜひつぶやき続けてほしい。

日本と活動を同時展開する
スピード感とグローバル観

　SNSのおかげで世界がぐっと近くなり、情報スピードが瞬く間に地球を駆け巡る時代。アーティストは日本だけに注力せず、海外も同時に意識しないと取り残される。

　コロナ禍でアーティストはライブを生配信、海外でも時を同じくして日本人アーティストのパフォーマンスを楽しめる機会が、一層増えた感がある。日本のスタッフの中にも、せっかく配信するのだから海外のファンにも見てほしいという意識が高まったのではないだろうか。

　もちろん、配信ライブは会場で一体化するライブとは別物である。ただ、コロナ禍で加速した一連のオンライン化は、ストリーミングLIVEであれZOOMミーティングであれ、音楽活動のスピード感を増す一助になったのは間違いない。その感覚でアフターコロナも海外展開を行えれば、日本人アーティストの海外活動もフェーズが変わってくると感じる。

　例えば、本人稼働のライブが海外で行えるようになったとき、アルバムリリース後日本国内ツアー、そしてアジアツアーという流れが常道だが、日本とアジアで分け隔てず、アジアツアーとして日本と他のアジア各都市を同時に回るような感覚が生まれたら、アーティストもスタッフもグローバル化したと感じる。

　さすがに欧米ツアーは遠距離であることと、文化的感覚の相違もあるので、時期や演出を分けて臨んだ方がいいと思う。が、アジア圏は近距離で東アジアは文化的相似性もあるので、スケジュールの都合がうまく合うようであれば、日本のツアーを組む際にアジアツアーもスケジュー

ルに取り込んでしまうのはどうか。

　アルバムリリース後に日本、アジアの順で回ると、アジアツアーの頃にはアルバムリリースから数カ月も離れており、ファン心理としてはちょっと遠ざかった感がある。もちろん海外アーティストが欧米ツアー後に日本公演を行う際も、アルバムリリースから結構離れてのライブになることが往々にしてあるが、ことアジアに関しては一つの商業圏として捉え、なるべくベターなタイミングで各地を訪問することができれば、ファンの食い付き方もよい方に変化すると思うのだ。

　売り上げベースで考えれば、日本公演の方がアジアツアーより大切だと考えるのは分かる。でも、アジア商圏を単なる出稼ぎ興行の場と考えるのではなく、他国のアジアアーティストや関係者とパートナーシップを結び、新たなユニットや協業プロジェクトを組んで、世界に打って出るという目標を実現するための先行投資と考えるのであれば、その意義はぐんと広がるのではないか。

　K-POPやC-POPアーティストは既に欧米でツアーをするのが当たり前となっている。その点で日本人アーティストは後塵（こうじん）を拝している。日本人にとって韓国人や中国人と手を組んで欧米進出を目指す方が、今となっては現実的だし手っ取り早い。このように日本人アーティストのアジア興行の目的を別の角度からみると興味深い。このテーマに関しては自分自身まだ達成できていないし、だからこそこの点は今後真剣に取り組んでいきたい。

アジアアーティストとの協業

　この項からは、アジアの音楽市場で成功し、その市場を拡大していくための「方法論」について考察していきたい。

　日本人アーティストが海外で認知度を高め、ライブ動員力を増し、売り上げ・収益面で成功するためには、才能の研磨、独創力、発信力ももちろんだが、その国・地域のアーティストとコラボレーションすることも重要だと思う。

　日本のアーティストが海外で認知される最も効果的な手段の一つとして、そのマーケットで非常に有名な楽曲の現地語カバーや、現地アーティストとの共同レコーディング、ステージでのデュエット、さらにはユニットを組んでの音楽活動など「コラボレーション」がある。

　ただ、コラボレーションといっても一時的、一過性のプロジェクトでは息切れがするし、投資した時間や労力が無駄になってしまう。協業というからには、短期ではなく少なくとも中期的に、できればロングタームで考えていきたい。

　これまではスタッフによる「大人が仕組んだコラボ」という、やらせ的なプロジェクトがまかり通っていた。ファンもそれを自然な流れと認識する向きもあった。中にはアーティスト同士が心から向き合わないプロジェクトもあったはずだ。
　実際にこうしたプロジェクトが有効に働いていた時代もあったのは事実だが、現在ではSNSを通じファンもアーティストも本音が見える世の中なので、コラボレーションに関してはアーティスト同士が真剣に向き

合うプロジェクトとして進めないと、ファンもフォローしないと考える。

　コラボレーションにおける過去の好例としては台湾のバンドMAYDAY（五月天）と日本のバンドGLAYが思い浮かぶ。彼らは2001年に、GLAY EXPOというGLAYのフェスティバルにMAYDAYが招聘（しょうへい）され、ステージコラボレーションを行ったのを契機に、楽曲提供やメンバー同士の交友関係を築いてきた。

　2013年にflumpoolが映画の主題歌をきっかけにMAYDAYとコラボレーションを行うが、2018年には久しぶりにMAYDAY×GLAYが復活。MAYDAYの武道館公演にGLAYが、GLAYの台北アリーナ公演にMAYDAYがそれぞれゲストとして登場、パフォーマンスするなど長きにわたる交友関係を築いている。

　これは一朝一夕で成し遂げられるものではない。私の周りで、もともとGLAYのファンだったが、GLAYを通じてMAYDAYを知り、すっかりMAYDAYのファンになったという日本人もいれば、MAYDAYを通じてGLAYのとりこになったという台湾人も存在する。ここには2組のバンドが真につながっているからこそ生まれたファン同士の交流が存在する。

　今後もこの2組は交友関係を緩やかに、かつ着実に積み上げ続けるだろうし、ビジネス面でもスタッフがお互いサポートする体制であり続けると確信している。

7-8

他ジャンルとのコラボ

　海外では音楽ジャンルが日本ほど細分化されていない。例えばフュージョンというジャンルは日本オリジナルで、T-SQUAREやカシオペア

は海外ではジャズバンドとしてくくられる。ジャンル分けにこだわる日本の音楽業界からすると、自分たちのアイデンティティーをジャンル名に求めるあまり、他ジャンルに分類されるのを排除したくなる欲求が頭をもたげるかもしれない。

一方で、彼らフュージョンバンドが海外のジャズフェスに出演する機会が生まれたら、ジャズ界の大御所と一緒のステージに立ちジャズファンを新規獲得できる可能性があるので、絶好のチャンスと見るべきだろう。アジアでは必ずと言っていいほど各国でジャズフェスが行われており、ブッキングできるアーティストのジャンルは相当幅広い。フュージョンもそうだが、ロックとして日本で認識されているバンドも出演が可能だったりする。よってアジアのジャズフェスは、ロックフェスを狙うよりも、ロックバンドにとって出演できる可能性が高いと思っている。さすがにハードロックやヘビーメタルは出演不可能であるが、それ以外のジャンルには出演枠が残されている。

私が知る限りアジアのジャズフェスに出演した、日本ではジャズとして区分されていないアーティストには、DEPAPEPE、T-SQUARE、カシオペア、東京スカパラダイスオーケストラなど多数いる。彼らはジャズフェスの主催者からふさわしいジャンルのアーティストと見なされ堂々と出演、名演を遂げ、しっかりと現地のファンベースを獲得、ワンマン公演につなげている。他ジャンルに対するこだわりを捨てることも、海外で活動する際の方策と思うのだ。

7-9

オリジナルの確立

日本のアーティストが海外進出する際、海外にはない音楽ジャンルとしてアピールすることはとても重要なことである。アイドル、アニソン、

ビジュアルロック、和楽器、V tuberはすべて日本独自のジャンルと言ってほぼ間違いないだろう。だからこそ、海外のファンは自国に存在しない稀有（けう）なジャンルとしてこうした音楽を愛するのだと考える。

　では今後日本のアーティストは上記音楽ジャンルのどれかにカテゴライズされるか新たなジャンルを確立しないと海外進出できないかと言ったら、そんなことはない。

　同業者から聞いたとてもユニークなエピソードをご紹介したい。日本のボサノバ界をリードする小野リサは、中国で大人気である。ツアーとなれば2000名の会場を10都市以上周り、上海で行われる大みそかのコンサートでは1万人収容の上海大舞台を完売にしてしまうのだ。なぜか。それは彼女の音楽がオリジナルだからだ。

　誤解しないでほしいのだが、ボサノバが彼女のオリジナルジャンルではなく、中国でボサノバアーティストは誰かと質問すると、「小野リサ」と答えが返ってくるという。日本でボサノバと聞けば、普通はジョアン・ジルベルトやアントニオ・カルロス・ジョビンというアーティスト名が返ってくる。それは日本人の音楽情報量が多いという背景もあるし、各音楽ジャンルの発祥地をきちんと理解しているということもある。

　中国ではボサノバという音楽ジャンルについての情報が広く知れ渡る前に、小野リサが一足早く中国を訪れ、本場ブラジルのボサノバアーティストに代わり、「ボサノバ伝道師」として公演を実施してきた。小野リサは自身がボサノバの創始者などとインタビューで一言も話していないはずだ。それよりも取材で音楽ジャンルを教えてほしいと聞かれ、ボサノバと答えただけだろう。そこから独り歩きして、小野リサは中国という市場において、ボサノバという音楽ジャンルを代表するアーティストになっていったのではないかと想像する。

翻って、オリジナルとは何かということを問う際に、このエピソードが私の脳裏に浮かぶ。ズルい表現をすれば、まだその国で紹介されていない音楽ジャンルがあるとすれば、それを本場のアーティストよりも一足早く紹介することでそのジャンルの市場開拓にも、そして紹介したアーティストの認知度アップにもつながると思うのである。残された椅子はわずかかもしれないが、私はここに可能性の一つを見いだしている。

7-10

継続性と意思

　何事もそうだが、これだと決めたら一貫してやり遂げないと中途半端な結果で終わってしまうのが世の常だ。海外事業もそうで、記念で海外公演をするという発想はできれば捨ててほしい。

　むろん、本当に記念で1度だけ海外でライブをやったから悔いはないという考え方も否定はしない。ただ、「本気で海外で売れたい」「たくさんの人を会場に動員したい」と思うなら、1度だけという発想は改めた方がいいと伝えているのだ。

　これは日本も海外も同じだが、ライブやツアーをやるからには徹底的に突き詰めていくべきである。東京で頻度高くライブを行うように、福岡にもある程度足を運ばないと、九州の市場は広がらない。海外はなおさらで、台湾に1度行って300人動員したら、次回は500人、その次は700から1000人動員するつもりで段階を踏まないとファンは増えない。当然、日本と海外のバランスは考えるべきで、日本8割、海外2割と考えてもいいし、アーティストによっては日本3割、海外7割にしている場合もある。

　ようは、日本人アーティストだから日本で最も売れていないといけないと考える必要はない。世界全体を市場とした場合、どの国で稼ぐのが自分にとって一番有効で有益かを考えればいいだけの話である。

　前述の小野リサはもしかしたら日本が2割、中国を中心としたアジア

が8割かもしれない。それはそれで大変素晴らしいことだと思う。ただし、そのレベルまで行きつくには相当の頻度で海外に足を運んでいるはずだ。一朝一夕で海外市場ができあがるはずがない。

　真剣に海外市場に向き合うなら、強靭（きょうじん）な意思と失意にめげない精神的タフさで突き進むべきである。インフラ、信頼性、安心感など諸方面において安定した日本に住んでいると、海外をターゲットにするのは確かにとてつもなく大変で、気をもむことが非常に多い。
　それでもいったん海外市場が自分に対して門戸を開いてくれると、日本以上にスピード感がありダイナミズムのある、魅力的なマーケットだと分かってくる。それはある一定以上のフィールドに足を踏み入れないと見えてこないことだ。

　英語に「no pain, no gain」とあるよう、痛みなくしては得られるものも少ないと思っている。それは海外市場にコミットした者しか知り得ない領域だと自負している。

7-11
積極性

　日本のアーティストが海外に市場を求める必然性は徐々に高まっている。2050年には5人のうち2人が65歳以上の高齢者になるとか、2060年には戦後と同じ7000万人台まで減少するとなれば、日本の各業界も海外に販路を求めていかねばならない。音楽業界も同様だ。

　ここで述べたいのは、海外に対して積極的な攻めの姿勢をアーティストや事務所が持てるかが海外市場攻略に重要だということ。本気で海外を考えるなら、ポジティブに前向きに海外に打って出よう。発想が積極

的になれば、必然的に言葉も学習するし、その国の市場について研究するだろう。

　現地でどんな音楽がはやっているのか、人口はどのくらいで、どんなジャンルがウケるのか、とても気になるはずだ。そしてその国に視察に訪れ、知り合いをつくり、ネットワークを張っておこうと思うだろう。そこまでして、初めて海外を真剣に考えるということになるのではないか。
　音楽を通して文化交流をするという意識でもいい。ビジネスで大金を稼ぐという発想でもいい。継続性と積極性がないと、海外のビジネスはそう簡単に自分に振り向いてくれない。
　バンジージャンプをするくらいのつもりで海外の荒波にもまれると、大変ながらも人生がキラキラと輝いたものに感じられてくる。海外の多くの人といろいろなネットワークを持つことが、自分の人生を潤してくれる。ライフワークといっても過言ではない。それを、海外ビジネスを通じて体感してほしいというのが、私の本音だ。

7-12

現地ファンクラブ設立

　これはアーティスト自身に求めるというより、スタッフによる海外ビジネス戦略の一つとして考えていただきたい提案である。
　ファンクラブは日本に特有のビジネスで、古くは歌舞伎や相撲のタニマチ文化が起源という。富裕層が大きな見返りや実利を求めず、特定の役者や関取を後援するという日本人独特の志向が発展し、支援から実利を求めるファンクラブビジネスが著名人の所属事務所で行われるようになっていったのだ。
　コロナ禍で世界中のアーティストが、生配信か収録かはともかく、ライブ配信を行うようになっていったが、日本では金額の多寡はさておき

プラットフォームを利用しての有料配信が主流だ。

　一方、欧米ではYouTubeやInstagramなどSNS経由の無料配信が多かったように思われる。その代わりティッピングというファンの投げ銭行為でアーティストに利益が還元されるという仕組みだ。

　この背景には、キリスト教のチャリティー精神が働いていると思われる。コロナ禍でアーティストが苦境の中、無料で配信を提供したアーティストを少しでも支援したいという欧米の寄付心が大いに寄与したのではないだろうか。

　アジアではどうだろうか。日本ではSHOWROOMという配信プラットフォームで初めてオンライン上の演者に向けての投げ銭ギフト機能が登場したが、中国では同じ頃、スマホから一般人がライブ動画を配信をしてファンから投げ銭を受け取る状況が起きている。中国の大手動画配信アプリDouyu（斗鱼）を利用して平均月収の10倍の収入を得る人もいるようだ。中国や台湾など中華圏ではファンが支援する対象に投げ銭行為を行うのはごく当たり前になっている。

　このことを踏まえると、日本で行われているファンクラブというビジネスは、日本とメンタリティー的に共通性があるアジア、特に東アジアの中華圏でも成立するのではないかと考えている。

　実際、中国でファンクラブを立ち上げた日本人アーティストも徐々にではあるが、生まれ始めている。今後重要になってくるマネジメント権利ビジネスとして興行、物販の次にファンクラブが挙げられるが、この販路を日本からアジア全域に拡大することで利益も一気に拡大すると思われる。ファンクラブがあることで、毎年ツアーで訪れることができない海外のファンとも接点ができ、ファンベースを確保することが可能となるだろう。ただし、気を付けたいのはファンクラブビジネスはファンとのダイレクトコミュニケーションやサービスが重要なので、海外ファンクラブでは日本のそれよりも一層細かい配慮が求められる。

通訳や翻訳を介在することで言語面でのハードルをなくし、海外公演がある際はチケットが取れるだけでなく優先席確保が当たり前とし、海外ツアーのない年は、動画やSNSを使ったメッセージの提供など配信やデジタルでファンとの距離をなるべく埋める努力が必要となる。もちろん、運営管理も日本からではおぼつかないので、現地に提携会社が存在することが前提となる。

　それでも、ファンクラブビジネスを東アジア圏で実施する準備や体制は、アーティストと現地パートナーさえ固まればすぐにでも行える状況にあると考えている。もちろんアーティストが現地で大人気であることが必須であるが、こうした海外ファンクラブビジネス立ち上げに興味のある方はぜひお知らせいただきたいと思う。

8章

新型コロナウイルスが
音楽業界に与えた影響

音楽業界に襲いかかった新型コロナ

2020年1月6日、中国・武漢市で新型ウイルスの感染者が出たという知らせがメディアを通じて日本に飛び込んできた。武漢市の生鮮食品市場が感染源だというこのニュースに、日本の報道番組は蛇やネズミなどを売買する中国ならでは、と当初はそれほど真剣に受け止めていなかったように思う。その後ニュースで感染者増、死者発生の続報が連日飛び交うようになる。気づけば対岸の火事と思われていた新型コロナウイルスが、横浜港寄港のクルーズ船「ダイヤモンド・プリンセス号」を通じ日本でもにわかに現実的なものとなった。

その後日本の感染者は少しずつだが増え始め、クルーズ船を勘定に入れなくても4桁の数字となっていった。アジアでは韓国・大邱（テグ）で新興宗教協会からクラスター感染が始まり、韓国で爆発的な感染者数を確認、大統領令に基づき、速やかな措置が取られた。こうしたアジア発の感染症を見て、アジア人蔑視の態度を示し始めた欧米も、気づけばイタリアを中心にオーバーシュート（爆発的感染）が急速に進行。手の付けられない状況となっていった。

欧州の事態は瞬く間に米国にも飛び火、ニューヨークを中心に感染者が膨大な規模となっていき、3月後半には欧米の感染者と死者数が中国を追い抜いている状況となっていた。

多くの国で非常事態宣言や緊急事態措置が敷かれ、陸路はおろか空路、海路までを断ち、多くの国家間で人と物の往来ができない状況となっていった。日本でも2020年4月7日に緊急事態宣言が発動され、不要不急の外出を政府が自粛要請することとなった。

翻って、中国ではコロナ感染者の増加を受け、主要なライブやイベントが中止や延期となった。日本の公演主催者も、感染を恐れ2月ごろから国内公演を自主的に自粛、延期や中止するケースが出始めた。その後大阪のライブハウスでのクラスター感染が自粛に拍車をかけた。各公演主催者は2020年3月までの自粛を4月に、そして緊急事態宣言に伴い5月へと延ばさざるを得なかった。

欧米諸国は罰則のある外出禁止や飲食店休業など強固な権限発動をした分、イベント事業者や飲食業者に対し事業者の大小問わず、フリーランサー含め潤沢な休業補償金を支払うと約束した。ドイツの文化相は「アーティストは今、生命維持に必要不可欠な存在」と述べている。こうした政府による支援体制があったためか、コーチェラやグラストンベリーなど欧米の主要なフェスティバルは早々に延期や中止を決めた。

日本の主催者が自粛したくてもできない状況に陥った背景には、休業と補償が一体となった提言が当初政府から皆無だったことが挙げられる。海外興行に目を向けると、私や私の同僚、同業者が関わっている日本人アーティストの海外公演、イベント、フェスティバルは2020年2月から延期や中止となった。同業者であるフリーランスのエージェントは、収入が途絶え大変な日々を過ごしていたと想像する。

新型コロナウイルスが音楽業界にとって大打撃であったことは否めない。公演中止による経済的打撃は、主催者、演者、会場、そして公演に携わるスタッフなどすべての公演関係者に向けられた。加えてアーティストを支えつつも彼らに支えられていたファンの精神的打撃も決して小さくない。

公演自粛の中、無観客でライブ配信を有料で行うなど代替策が実施さ

れてきた。中国では感染が拡大しつつある2020年2月に、複数のアーティストが各会場からタイムシフトでパフォーマンスを配信するオンラインフェスティバルを早々と行っている（下図）。

　世界中の音楽業界に深い爪痕を残したコロナウイルス。日本政府が外出自粛に際し掲げた忌避すべき「3密（密閉、密集、密接）」の場所として頻繁に取り上げられたライブハウスが、クラスター感染の温床として汚名を浴びせられた。音楽を楽しむ環境として最高だったライブハウスが感染症のせいで最悪な環境と定義されてしまったため、ほぼすべてのコンサート会場が休業、公演の中止・延期でアーティストもスタッフも行き場を失った。生活をするためやむを得ずコンサート業界から転職した個人事業主や倒産した中小企業が少なからず存在する。レーベルやアーティストによっては、コロナ禍で公演のみならずCDや配信リリースを延期したケースもある。レディ・ガガも自身のアルバムリリースを延期。事態が収束するタイミングまで見合わせた。
　このようにビジネス的に大打撃を受けた音楽業界だが、一部のアーティストはチャリティー目的で配信ライブを実施したり、STAY AT HOME

中国は新型コロナウイルス感染拡大初期の2020年2月にオンラインフェスを開催　Modern Sky

でストレスがたまる中、Perfumeが自宅で体を動かしてもらうべくダンス動画をアップしたり、星野源が弾き語り映像をアップすると他のアーティストがマッシュアップで投稿参加したりと、さまざまなアーティストが音楽で人々の不安を解消するアクションを積極的に起こした。

　特に大きいイベントは"One World Together At Home"というもので、2020年4月19日9時（日本時間）にレディ・ガガがWHO（世界保健機関）とともに、コロナウイルス感染者に対応する医療従事者のサポート機器購入やコロナウイルスのワクチン開発への寄付を目的として行った音楽配信コンサートだ。エルトン・ジョンやスティービー・ワンダーなど著名アーティストが生配信で多数参加、音楽の力でコロナウイルスに打ち勝とうという姿勢を具現化した。

　急きょ、ローリング・ストーンズも参加が決定、メンバー4人がそれぞれ自身の家で同時に『You Can't Always Get What You Want』を演奏した。2時間にわたるこの配信ライブで、139億円の寄付金が集まった。音楽で世界中から支援が集まったこの企画は、音楽の力を改めて見せつけられたチャリティーコンサートとなった。

　日本ではコロナ禍に存続の危機に陥ったライブハウスを支援するさまざまなプロジェクトがクラウドファンディングなどの基金を通じて行われた。

　「LIVE FORCE, LIVE HOUSE」*は、タワーレコードによるもので、支援したいライブハウスに対して寄付を募るプロジェクト。「MUSIC UNITES AGAINST COVID-19」*はバンドtoeによる呼びかけでミュージシャン70組が支援の輪を広げて行われた、やはりライブハウス救済のためのファンドである。こうした取り組みにもかかわらず、渋谷のVUENOSや札幌のColonyなど、閉鎖を余儀なくされたライブハウスは少なくない。

そして、いよいよコンサート業界で働くフリーランサー支援の基金「Music Cross Aid」*が2020年6月11日に立ち上がった。コンサート業界は、主にコンサートスタッフ（音響エンジニア、照明オペレーター、舞台監督、マニピレーター、ローディーなど）で支えられており、彼らの大半がフリーランスで活動している。欧米では早々にライブクルーのための支援金が集められてきた。時期的には一歩遅れての立ち上がりだが、日本でもこの基金が創設されたことにうれしさを感じている。私自身その必要性を感じ、FM局の知人と一緒に救済のための番組構想を休業中考えてきたが、募金の出口が見えない中で同基金が設立され、いよいよそれが現実となったのだ。

　また、日本政府もエンタメ窮状を踏まえ、財政予算878億円（401.3億の追加措置が取られ現総予算1279億円）を興行業界の支援対策に充てた「コンテンツグローバル需要創出促進事業費補助金（通称：J-LOD live）」を2020年5月27日に開始した。コロナで延期や中止になった音楽や舞台の公演振り替えに対し、制作費の50％を上限5000万円まで補填する（制作費1億円が上限）という施策により数多の関係者が申請、事業完了手続きを行い、赤字額を軽減していった。

＊（注）
「LIVE FORCE, LIVE HOUSE」　http://liveforcelivehouse.com/#/
「MUSIC UNITES AGAINST COVID-19」　https://twitter.com/unites_19
「Music Cross Aid」　https://www.musiccrossaid.jp/

8-2

無観客配信ライブ

　日本は世界的に見ても有料配信ライブが成立している稀有（けう）な国の一つである。米国では今でこそ有料配信ライブのプラットフォーム

がいくつも立ち上がっているが、コロナ禍当初はYouTube、Facebook、Instagram、Twitterなど既存のSNSツールを利用して無料でライブを配信、配信チケット代の代わりにGiftingと呼ばれる「投げ銭」を払ってもらう形がほとんどであった。

　コロナ禍でライブが行えずアーティストのほとんどが経済的に苦境の中、キリスト教精神でもあるチャリティーを施すということだ。欧州でも同様な配信ライブが行われている。アジアでは中国や韓国が独自のプラットフォームを用いて配信ライブを行っているが、中国ではおおむね配信チケット価格が低いため、高価格で販売する一部のスーパースター級アーティストを除いては、配信売り上げだけでビジネスを成り立たせるのは困難な状況にある。

　韓国では、AR（拡張現実）技術で特別な空間を演出する韓国独自の音楽配信サービスBeyond LIVE*を2020年4月より提供しており、BTSなど世界市場を相手にする一部のグループは、アーティストグッズなど特典付きのチケットを比較的高価格帯で世界中で販売して、成功している。
　BTSが2020年6月に行ったオンラインライブでは全世界で75万人が視聴、チケット単価が3000円なのでチケットだけで22億5000万円を売り上げた計算になる。
　ガールズグループTWICEは、126カ国8万人に向けて、もともとワールドツアーを行う予定だった世界16地域のランドマークをCGで表現した配信ライブを行っている。

　ただ、一般に韓国人アーティストが韓国国内で配信ライブを行う際は、プラットフォーム側の配信手数料が極めて高く、上記のようなビッグネームアーティストを除いては、アーティストの配信ライブを頻繁に行うビジネス環境が整っていないということが現地業界関係者との会話から

分かっている。

　日本の配信ライブ状況はというと、2020年3月13日にアーティストのceroが配信プラットフォームZAIKOを通じて無観客配信ライブを行い、本来演奏予定だったライブハウスの規模を大きく上回る視聴者を獲得したことがニュースとなった。その後2020年4月に緊急事態宣言が発令され、配信を含めてライブイベントがストップしていたが、6月ごろから徐々に再開。配信プラットフォームの数も10を超え、主催者が選択肢の中から最適なものを選べるようになった。

　中でも話題になったのは、サザンオールスターズの横浜アリーナでの無観客配信ライブだ。2020年にデビュー42周年を迎えたサザンの配信ライブでは、8つの配信プラットフォームで一斉配信を行い、視聴チケット3600円が15万人分販売され、50万人が視聴したといわれている。コロナ対策を徹底しながら、売り上げの一部を医療従事者に寄付するという大義を背負いながら、ベストヒット的な22曲を披露したのだ。

　その後も数々のアーティストがライブに対する渇望から配信ライブという新たなパフォーマンス表現の手段を採用していった。無観客配信でもなるべくファンとの接点を保つため、生配信でライブ中にチャットを受け付けてコミュニケーションを図ったり、それでも抵抗感があるアーティストは、政府のガイダンスにより会場の収容数50%まで動員できるようになると会場チケットを一部販売したりとハイブリッドな形態を取り入れ、ファンとの結びつきをなるべく大切にするような動きが増えていった。価格帯は2000〜5000円と多岐にわたるが、一部のアーティストではグッズやサインなど特典付きで高価格帯のチケットを販売するケースもあった。

　配信ライブでなにより大切なのはYouTubeのライブ動画では体験できないサービスを提供することだろう。複数回配信ライブを行うアーティストは毎回セットリストを変えるこだわりや、都度グッズのデザインを変えて販売するなどユーザーの欲望を満たす仕掛けを考えていったのである。

　それでも、2020年10月ごろには配信ライブの飽和感が徐々に起き始め、本来東京ドーム公演ができるアーティストでも配信で1万枚しか視聴券が動かないケースも散見されるようになっていく。これまで行われた配信ライブで最大視聴者数と言われているのは、嵐が活動休止前に東京ドームで行った「This is 嵐 LIVE 2020.12.31」で、その数は100万人ともいわれている。

実動員に向けた感染対策

　無観客配信ライブが始まり、少しずつコンサート業界に活気が戻り始めたのは、1回目の緊急事態宣言が日本全国で解除された2020年5月末以降だった。飲食、旅行、運輸を中心に、大打撃を被った経済を回していくため、人の動きも徐々にではあるが戻りつつあったこの時期、同様に被害を受けた音楽、特にコンサート業界も感染対策を徹底したうえで、配信と会場への実動員を組み合わせたハイブリッドな公演への取り組みが始まっていった。

　会場へ観客を迎え入れる際の感染対策として政府が挙げた具体的な指示には、ソーシャルディスタンスを考慮した入場時の待機列、手指殺菌消毒、検温、連絡が取れるよう個人情報の記入、スマートフォンへのCOCOAアプリのインストール、会場内の定期的な換気、ステージと客席の2メートル以上の間隔空け、会場収容人数の50%を上限とした計画動員、3密を避けるための順次規制退場、演者同士のステージ間隔空け、

機材や楽器の定期的な消毒など、項目は多岐にわたっていた。

　これを会場、プレイガイド、プロモーター、主催者が協力徹底することで、有観客ライブの方向へ次第に流れていった。

Beyond LIVE　https://beyondlive.smtown.com/ja/index.html

再開に向けての各国ガイドライン

　2020年5月からライブの再開に向けて各国が動き始めた。米国では緊急事態宣言後初の有料ライブが、5月18日アーカンソー州のライブハウスで行われた。アーティストはTravis MacCready。

　キャパシティーの設定は通常の2割。1100人収容なので220人限定だ。全員マスク着用。待機列は6フィート間隔を空けての入場。入場口で検温と消毒。噴霧器で会場を事前消毒。トイレは1度に10人までに制限、せっけんとタオルは非接触型とする。導線は一方通行とし、客同士を通路

客席距離を確保することで公演を再開（写真／Shutterstock）

で対面させない。売店での飲食物は、パックおよび蓋が閉じられている形での提供。

　中国では、上海において国内アーティストのライブ演奏許可申請が2020年5月下旬から受け付けを再開した。5月22、23日、育音堂にて「SONGS FOR WUHAN（武漢）」をテーマにしたイベント開催、上海における実質的なライブイベント第1弾となる。中国文化旅游部からの感染対策ガイドラインとして以下が発表された。

・コンサートは入場者率を座席数の30％以内に抑えること。観客同士は距離（1メートル以上）を取って座らせる、演者と観客の距離も開ける。
・実名でのチケット購入。観客入場時の検温、消毒と実名登録。
・中規模・大規模イベント・コンサートは現状禁止
・海外および香港台湾マカオから入境してのコンサートも現状禁止
・電子チケット購入・オンライン決済
・ホールが複数ある施設の場合、同時に2公演以上の開催はNG。観客の入退場時間が同時にならないようずらすこと
・ヘルスコード（中国人が常時提出を求められるスマホのアプリ。行動履歴、体温、使用交通機関等を元にコロナに対する感染度判断。緑＝安全、黄色・だいだい色＝注意、赤＝危険）の提示

　このように、新型コロナウイルスの発信源となった中国では、PCR検査の徹底含めコロナ対策が行き渡っているのか、その後2020年8月のMIDIフェスティバルを皮切りに、9月末〜10月頭にかけていくつもの野外音楽フェスが再開した。毎年、中国各地で行われてきたストロベリーフェスは、再開第1弾イベントを北京世園公園で行い、1時間でチケットが売り切れた。この時点での政府からのガイドラインは、1つのフェスティバルの1日当たりの動員上限が5000人で、半分となる。

台湾では1000人以内に入場制限、ファン全員マスク着用、客席距離を十分空けて野球の試合が再開。音楽ライブに関しては、政府から室内キャパ100人以上、野外キャパ500人以上の興行は自粛でほとんどは配信ライブで行っていたが、2020年8月4日に台湾の人気男性歌手、エリック・チョウ（周興哲）がコロナ対策緩和後初の大規模公演を台北アリーナで行った。公演は2日連続で行われ、それぞれ約1万人を動員した。米タイム誌がこれを取り上げ、検温やマスク着用に協力するファンたちの姿を詳細に報じた。

　欧州では2020年4月24日、デンマークのアーティストMads Langerが「ドライブインコンサート」を実施。本番6日前に券売後500枚のチケットは数分で完売した。カーラジオを使い車内に音を流し、ファンとはZoomを用い交流を楽しんだ。

　日本では2020年7月10日から、「収容5000人もしくは最大収容数の50%」の有観客ライブが可能となり、20年7月11、12日には、東京・中野サンプラザで、モーニング娘。'20などが所属するハロー！プロジェク

2020年10月に北京で「ストロベリーフェス」再開第1弾イベントを開催。チケットは1時間で完売した　写真／Modern Sky

トが約4カ月ぶりとなるライブを開催した。収容人数を会場定員約2200人の半分以下、1000人に限定。観客のマスク着用を徹底し、入場時の検温、消毒なども行なった。

　一方、アイドルグループのももいろクローバーZは、2020年8月1、2日に埼玉・所沢のメットライフドームで、観客を各日7000人に限定したライブを開催予定だったが、感染リスクを考慮した結果、7月6日にネット上で中止をアナウンス。苦渋の決断をせざるを得ない例もあった。

　2020年7月22日には、国内の1日の感染者数が過去最多に達するもGo To トラベルキャンペーンが始まり、第2波の中、配信ライブ、または配信と動員を兼ねたハイブリッド公演が続くこととなる。「FUJI ROCK FESTIVAL」「サマーソニック」「Rising Sun Rock Festival」「ROCK IN JAPAN」の日本4大夏フェスは開催されることなく、秋を迎えた。

　2020年11月になると、1日の感染者数が4桁となり、Go Toキャンペーンも見直しを迫られた。年末から年始にかけて病床逼迫も深刻となり、実施すると宣言していた「COUNTDOWN JAPAN 20/21」も直前に中止を発表することとなった。2021年1月7日1都3県に緊急事態宣言が再度発出され、1月13日には対象地域が11都府県まで拡大した。本書執筆時点で3度目の緊急事態宣言が発出、9都道府県で2021年5月31日までの期間となっている。

コロナで延期・中止に遭った日本人アーティストによる主な海外公演

・ONE OK ROCK "EYE OF THE STORM ASIA TOUR 2020" 延期
・RADWIMPS "WORLD TOUR 2020" 延期中止
・米津玄師　海外公演　中止および延期
・嵐　北京公演　中止

・SCANDAL　WORLD TOUR 2020 "Kiss from the darkness"
延期
・スキマスイッチ　SUKIMASWITCH TOUR 2019-2020 POPMAN'S
CARNIVAL vol. 2 in Jakarta & Taipei延期

各国におけるコンサート業界の経済損失

　米国の大手コンサートプロモーターであるLive Nationは、役員報酬
を削減、従業員を一時解雇する一方、ツアースタッフなどへの10億円規
模の支援金を打ち出した。2019年度の同社の売り上げは94億ドル（約
9870億円）だったが、2020年度の売り上げは84%減の14億ドル（約
1470億円）、利益は1050億円減の減収減益となった。

　しかし、2021年になってワクチン接種が始まると同社への期待値も高
まり株価は上昇、2020年に延期となった公演のチケットを払い戻さず保

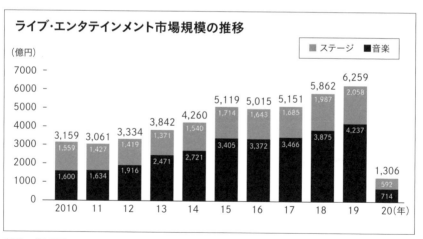

出所：ぴあ総研
※ライブ・エンタテインメント市場規模＝「音楽コンサートとステージでの、パフォーマンスイベン
トのチケット推計販売額の合計」と定義
※2020年は2020年10月25日時点の試算値

有しているファンも83%と高く、2021年度のアーティストによる公演や
ツアー数は前年の倍近くに膨れる予定とのことだ。

　一方、英国のLive Music Groupによれば、2020年度の英国の興行売
り上げは、当初見込まれていた13億ポンド（約1950億円）からコロナ
の影響で3億ポンド（450億円）に減収した。
　中国舞台芸術協会によれば、2020年1～3月に中国および香港で延期
または中止となった公演数は約2万、損失は300億円に上った。

　ぴあ総研によれば2020年度のライブ・エンタテインメント市場は1306
億円と推計されている。イベントの参加人数制限が原因で、19年度の
6295億円から8割減となる。

8-4

コロナ禍で起きた
コンサート業界の変化

　コロナ禍でこれまでのライブ形態に変化が現れた。それは単なる無観客
配信ライブということだけではなく、観客が目の前にいない状態で、ど
う音楽表現を映像で行うかというアプローチがテーマになってきたとい
うことである。

1.新たなエンタテインメントとしての配信ライブ

　無観客の会場で観客を想定してライブを行うと、コミュニケーション
に行き詰まるジレンマに陥る。他のアプローチとして、テレビ番組の収
録という発想でパフォーマンスを行うか、MVを制作する発想で演出に
こだわるという形態が考えられる。
　後者を選択したのは、サカナクションの山口一郎で、昭和風スナック

のセットで歌唱したかと思うと、次にはアリーナでのレーザー照明演出など場面展開が豊富で見るものを飽きさせない凝りぶりであった。音響ではドイツのサウンド・テクノロジー企業、KLANG technologyによる3Dサウンドを採用、日本初の試みを行った結果、通常では得られない音響・映像体験を視聴者は享受したはずである。

　韓国では前述のように、AR（拡張現実）技術を取り入れて特別な演出空間を提供する韓国独自の音楽配信サービスBeyond LIVEが新たなエンタテインメントの創出を行っている。米国ではラッパーのトラヴィス・スコットが3Dアバターとなってオンラインゲーム『フォートナイト』内で行ったパフォーマンスが話題となった。

　その他にもAR、VR（仮想現実）、MR（複合現実）、XR（AR、VR、MRすべての要素がある表現）で独自の映像表現を行った配信ライブが話題となっている。
　このように、配信ライブは単なる実動員ライブの補完的役割でなく、独自の演出を創造、表現する場として、コロナ後もビジネスとして残り続けると期待できる。

2.電子チケット化

　コロナ禍により人との直接接触を避けるため、非接触型支払い、デジタルチケットの需要が拡大した。現金を触ることでコロナ感染率が高まるのではないかという心配が高まり、チケット購入に関してもQRコードを用いたスマホ決済など非接触型決済へ大きくかじが切られていった。また購入のみならず、チケット自体をデジタル化する動きが加速、会場でもスタッフとファンが同じ紙のチケットに触れることなく、スマホのQRコードを読み取らせることで入場が可能となる環境が徐々に整えられつつある。

　こうすることで、コロナ感染対策になるばかりか、ペーパーレスによる省資源化やチケットの不正転売対策にもつながるので、デジタル化の加速は好都合だ。一方で今後は紙のチケットがプレミアム化、物販として販売されたりVIPチケットの特典として付与されたりするのであろう。

3.オンラインプロモーションの強化

　コロナ禍まではアーティストの活動はウェブやスマホ上だけでなく、ライブハウスやフェスなどリアルな場で行われることが多かった。それが緊急事態宣言となり、人々がステイホームとなってからアーティストとファンの接触機会もSNS上で増えていった。

　その一環で自宅から配信ライブを行うアーティストが増えていったのだが、この期間に起きた事実は、オンラインプロモーションを積極的に行ったアーティストが自身のTwitter、YouTube、Instagram、Tik Tokなどでフォロワー数を伸ばしていったことだ。コミュニケーション頻度を高め、より深く、より広く、より何度もファンに楽曲を聴いてもらえたアーティストがコロナ禍ヒットを生んでいったと考える。

　YOASOBIやTik Tokで有名になった瑛人など一連のアーティストは、コロナ禍で不要不急の自粛を迫られた期間だからこそ、一層スポットライトが当たったのではないかと思っている。今後SNSプロモーションはアーティスト認知度を高めるために一層強化されるべきであるし、ユーザー動向の分析もスタッフに求められるタスクの重要な一つとなってくる。

新型コロナウイルスと「天変地異」条項

　コンサート業界にとっての災難は、感染拡大を防ぐため公演を中止や延期する際に発生する公演経費負担や、売り上げ減、休業要請が大きい

が、何よりも新型コロナウイルスを含む感染症が興行中止保険の対象となっていないことだ。今回各国のプロモーターにヒアリングして分かったのだが、どの国でも感染症は興行中止保険の対象外となっている。興行契約書に記載されるいわゆる"天変地異"とは、暴動、情勢不安、空港封鎖など交通網の寸断、台風、豪雨などの天災、アーティストの疾病、革命などを指すが、地震、感染症、戦争は興行中止対象に含まれないというのが不文律となっている。

　損害保険には「危険度に応じた保険料を負担しなければならない」との原則があり、「危険度の査定ができなければ、そもそも補償はできない」という考えが根底にある。このため、今回のような感染症の発生の他、地震や戦争といった被害の規模がどこまで及ぶか予測が難しい場合は、補償対象から外されてしまう。もちろん主催者と事務所間で交わす興行契約書にはこれら保険対象外の項目を天変地異の条項に含め、少なくともプロモーターに対してはその責任を担ってもらう交渉をすることは可能だ。ただし、今回の事態を受けて、各国のプロモーターが自国の保険会社と協議、保険内容の見直しが図られない限り、「感染症」はプロモーターが"天変地異"から除外する言葉となり続けることだろう。

　さて、新型コロナウイルス感染症の影響であるが、個人的には人生を見直す契機となった。コロナウイルスが人類に与えた試練がもたらす教訓は、人と人との結びつきが大切なんだということではないだろうか。
　コロナウイルスは人々に"ソーシャルディスタンス"を強要した。2メートルの間隔を取ってお互いが感染をしないため、距離を空けようという物理的な距離感の重要性をメッセージ化したものだ。"ステイホーム"も同様な意識下で生まれたフレーズだった。

　これらを意識することが、かえって人間同士の精神的な結びつきの重

要性を育むと感じている。家族、恋人、友人。どれをとっても人間同士の結びつきは物理的、精神的距離感が大切だと思う。テレワーク、テレコミュニケーション、宅配、動画・音楽配信が促進されることに異議を唱えるつもりは毛頭ない。ただ、これらのシステムやサービスが従来の人間の営みを代替できるものではない。距離を空ける時間が長かった分、人はより密接に触れあう機会を求めるのでないだろうか。

　そんなことを考えると、人に何かメッセージや思いを伝える活動は仕事や奉仕にかかわらず、重要性を増すと感じている。そして音楽は人間によるこうした営為のかけがえのない一つであると再認識するのだ。

　本書執筆時点で、新型コロナウイルスの感染者が一番深刻だった米国が、自国で開発したワクチン接種のスピードをバイデン政権の下で強化、巻き返しを図り、ニューヨークではタイムズスクエアに観光客が増え活気を取り戻した。2021年秋からはブロードウェイミュージカルを再開すると発表している。

　中国も、発生源となった武漢を含む主要都市でワクチン接種とPCR検査の徹底化により、飲食店や百貨店は日常を取り戻しつつある。2021年5月には「Strawberry Music Festival」が感染対策のもと通常に行われた。台湾でも2021年3月には高雄で「Megaport Festival」が行われ動員も活況だった様子である。英国もアストラゼネカ製のワクチン接種を推進、街が少しずつ活気を取り戻している。

　一方で日本はワクチンを自国製造せず輸入に頼ったことと、ロックダウンできない国情により、2021年5月中旬時点でまだコロナを抑えきれず、3度目の緊急事態宣言を延長する事態に陥った。2021年のゴールデンウイークも、さまざまなフェスティバルが中止に追い込まれ、声を一切上げない落語まで休演せざるを得ない状況になった。韓国も感染が収まる気配がなく大型イベントは当面できない状況であり、インドに至っ

ては米国を上回る勢いで変異ウイルスが猛威を振るっている。

　こうしてみると、新型コロナウイルス対応から得られるもう一つの教訓は、国政や人智で国ごとの封じ込め政策に雲泥の差が出るということだ。ロックダウンは休業補償を含め政府や民間に途方もない痛みを伴うが、一定期間徹底することで感染が抑えられる。ワクチンも日本の製薬会社が自社開発できたはずだ。政府が人智を結集して対策を徹底すれば、一時の痛みはあるにせよ、飲食店や百貨店、そして音楽を含む興行界に与える甚大な経済的損失も結果的には減少させることができたかもしれないと思うと悔やまれる。

　一日も早くワクチン接種が進むことで、重症者の減少、医療従事者の肉体的、精神的負担の軽減、そして経済が回復し、平穏な日常が戻ることを祈るばかりである。

9 章

終章

日本とアジアの架け橋は
音楽にとどまらない

　20年近くアジアで仕事をしていると、本業の音楽以外で日本が好感を
持たれていると実感する現場にしばしば出くわす。

　まずは食。海外に出張中、和食レストランや居酒屋に遭遇せずに帰国
することは、まずない。ラーメンを筆頭に、カレー、回転ずし、牛丼、
日系ファストフード、コンビニ、和食チェーンなど枚挙にいとまがない。
日本の食が海外から着目されてきたのは、そのうまさはもちろん、見た
目の美しさ、そして低カロリーなど芸術性と健康志向が現代の人々にと
って魅力的に映ったからだろう。

　もう随分たつが、ニューヨークに出店した「一風堂」は、もやはラーメ
ン店の域を超え、バーレストランの様相を呈している。これが結果的に
成功要因となっている。待機列はバーカウンターになっており、カップ
ルはテーブル空きを待つ間、カクテルでグラスを傾ける。いざテーブル
に着きラーメンが出てくると、巨大なレンゲとエプロンが手渡され、あ
たかも高級中華料理店に来たように米国人がラーメンを食べる。麺が伸
びることなどお構いなしに、会話しながらじっくりと食すのだ。

　私がニューヨーク在住時に何度かすし店に行った際、やはりすしネタ
をべったりとしょうゆに付けながら語る米国人を毎度のように目撃した。
どのネタを食べてももはやしょうゆの味しかしないのではないかと思え
るほどの付け具合。これが米国スタイルなのだろうと、注意もせず傍観
したものだ。

　閑話休題。日本の食がこれだけ人気を博したが、まだまだ日本から提
案できる新たな日本食があると思っている。例えばスイーツ。たこ焼き

は今では海外でも珍しくないが、たい焼きはどうだろう。バリエーションでは人形焼やドラえもん焼きだっていいはずだ。

　こうしたキャラクターとのコラボレーション商品はまだ商機があると思っている。アンテンドゥのドーナツ。いちご削り。夕張メロンパフェ。勝手に想像するだけで、いろんなヒントが転がっているのだ。そして現地向けに若干味や見た目をローカライズすることでより成功度が増すと思う。

　日本から海外への展開もさることながら、海外の食を日本へ輸入することも意識したい。台湾のカジュアルご飯、ルーロウファン（魯肉飯）が一時期、六本木ヒルズの飲食階に出店した際はよく通った。が、1年足らずで閉店してしまった。台湾で120円程度のメニューが日本では850円だった、その価格ギャップだけが要因ではないと思うが、閉店したときは大変残念な思いをしたものだ。

　現在、都内に数店舗、台湾のスイーツ豆花が出店しているが、やはり現地の5、6倍の値段で販売されている。店内をのぞいて見る限り、繁盛している様子はなかった。PRが不徹底なのか、風味が現地と乖離（かいり）しているのか、まだ究明できていないが残念に思う。

　1990年代後半、台湾から輸入されたパールミルクティー（珍珠奶茶）が日本で大ヒットしたのを記憶にとどめている人も多いだろう。2018〜2019年にかけて、今度はタピオカミルクティーとしてブームが再燃した。

　モノによってはヒットする海外の食品が必ずある。海外に出張するたびに、食の嗅覚も保ちつつ食べ歩きしていたりする。いずれ、大ヒット商品を日本から海外へ、海外の食品を日本に輸入、ヒット商品を仕立て上げることが音楽以外の夢の一つだ。

　音楽も食も自国の文化を海外に提供するうえで大切なことがある。それは人材の育成だ。

　中国・成都に出張中、空いた時間で市内を視察した際、急にラーメン

が食べたくなり前述の一風堂に立ち寄った。このラーメンの味は分かっていたので、基本メニューを頼んだ。ほどなくして日本でもなじみのあるラーメンが目の前に置かれ、早速食べ始めた。すると、なんとも味が薄いではないか。

「中国人の舌に合わせてローカライズされているのかな」と思いながら食べ進むと、急に味が濃くなって、よくよく見ると丼の底にスープの固まりが沈殿していたのだ。これにはさすがに一言物申したくなり、日本人の店長を呼んだのだが、あいにく休みだという。もしこれが現地のお客にも日々当たり前のように提供されているのだとしたら、残念な気持ちになった。調理方法の教育が徹底していなかっただけで、ラーメン屋のブランドはガタ落ちである。

　以前、テレビでユニクロの海外戦略特集を見たとき、ジャカルタ店の店長候補者が日本で研修を受けている模様が映った。それは日本の店員同様、決められた時間内で商品を畳んで棚に戻す作業風景だった。ストップウオッチできっちり時間内に畳めない場合は最初からやり直し、できるまで何度も訓練させるのを見て、同店を展開するファーストリテイリングの人材教育の徹底ぶりを垣間見た気がした。

　アパレルしかり、食しかり。コンサート業界も全く同じで、海外に日本ブランドのコンサートホールを立ち上げても、その支配人、舞台、音響、照明のスタッフは日本人が現地スタッフをある一定期間をかけて運営スキルや仕事の技術を教えながら育成することがとても大切だ。決して上から目線でなく対等の姿勢で向き合うことが人材育成につながるのだと思う。

地方自治体と連動した 出身地フォーカス

　日本人アーティストを海外、特にアジアで有名にし、ライブパフォーマンスで大きな会場を複数国や都市にまたがりソールドアウトできる状態にする。それが、私が目指していることの一つである。そこでは「日本」があくまでもキーワードであって、そのことに対して何の疑問も感じてこなかった。

　新型コロナウイルスでいったんストップしているものの、近年、アジア各国から日本各地に観光客が押し寄せ、観光、食、買い物とさまざまな目的を果たしている。一昔前なら東京、京都、富士山、北海道というスポットがフォーカスされていたが、現在ではアニメの聖地など、以前には考えられなかった地方都市や街にスポットライトが当たるようになった。日本の各自治体はインバウンド効果を期待して、海外観光客誘致に力を注ぎ始めている。

　それに伴って私が提唱したいのは、日本人アーティストを海外では「○○from Japan！」とだけ紹介するのではなく、例えば「○○from Shiga, Japan！」のように、出身県・地域をPRすることだ。アーティストに思いのある海外のファンはそのアーティストの出身地にも当然興味が湧くはずだ。

　個人的な例で言えば、米国のアーティスト、ブルース・スプリングスティーンが好きだから、彼の出身地であるニュージャージー州ロングブランチに興味があり、実際にどんな街か調べてみたものだ。エルビス・プレスリーに一般的な興味があったからこそ、テネシー州メンフィスを訪れるという具合に、ファン心理は動くものだ。

そんな私自身の体験から、日本人のアーティストをアジアで興行する際は、その出身地の自治体と最初から手を組みながら、能動的にアーティストをPRしていきたいと思っている。ライブ会場で、アーティストの地元の特産品や県産品を展示・販売したり、地酒を振る舞ったりと、いろいろな協業展開が可能だと思う。いずれは、アーティストと出身地の自治体との協力により、地元のフェスティバルを海外からの観光客も招いて実施できればすてきだと考えている。

シティーポップに 新たな市場開拓の余地

最近、1980年代音楽がにわかに脚光を浴びている。それも海外で、だ。80s J-POPが海外でヒットしているというニュースに日本人が触れ、楽曲が逆輸入、再燃している現象が起きているのだ。

その筆頭として竹内まりやの『プラスティック・ラブ』が挙げられるが、加えて松原みきの『真夜中のドア/stay with me』が2020年末から各国でチャート急上昇をしたという。Spotifyのバイラルチャート「グローバルバイラルトップ50」では2020年12月に18日連続で世界1位を記録、米国、英国、ドイツ、フランス、スウェーデン、オーストラリア、インド、シンガポール、フィリピン各国のバイラルチャートでも1位になったというのだ。

どちらの楽曲も、そのテンポ感やグルーブにグローバルヒット性があるのだと思うのだが、1980年代の良質なJ-POPをセレクトして国内外に発信、コンピレーションアルバムをリリースする韓国人DJ、Night Tempoの存在は大きい。彼は世代的には1980年代J-POPより一回り

以上若いと思うが、昭和歌謡に夢中になっていった経緯があり、自らを昭和グループのオーガナイザーと称している。彼のような触媒があって、世代を問わず時代を超えて楽曲がSNS上で国境を越えていったのだ。

『プラスティック・ラブ』は私が知る限り、台湾の女性シンガー9M88、インドネシアのシンガーRainych、そして日本ではDEEN、CHAI、Friday Night Plansなど数々のアーティストがカバーしている。こうした背景を元に考えると、レコード会社が言うカタログ楽曲は宝の埋蔵庫であると思うのだ。

松原みきは既に他界してしまっているが、楽曲は今でもプレイリスト上で生きているし、初めて触れたリスナーにとっては新曲である。

1990年代半ばに放映されたフジテレビのドラマに「未成年」がある。このエンディングテーマ曲がカーペンターズの『青春の輝き』であった。当時ドラマを見た視聴者から、カーペンターズの来日公演はあるのかという問い合わせが殺到したという。ボーカルのカレン・カーペンターは1980年代前半に亡くなっていたが、楽曲の輝きは失われていないことを物語るエピソードである。

話が脱線したが、ヒットしたカタログ楽曲を持ち、今でもアクティブなアーティストは少なからず日本に存在する。八神純子、EPO、杏里、角松敏生など、シティーポップにカテゴライズされるアーティストはすべからくSNS上で楽曲を再燃させる前提が整っている。日本人アーティストの海外進出でSNSは欠かせないが、1980年代のヒット曲に再度スポットライトを当て、楽曲配信とアーティスト稼働を連動させたプロジェクトを組んで、うまく海外興行につなげていきたいと感じている。

起業にあたり

　私事であるが、2021年4月末、32年間勤続したソニー・ミュージックエンタテインメントを退職、5月13日に会社を設立した。インアウトワークス合同会社という社名に、日本と海外との文化交流を事業の基軸に据えた自身の想いを込めたつもりである。

　私が起業をするにあたっての心構えと目標を自他ともに公表することで、自戒としたい。今までお世話になった会社とのつながりは持ちつつも、新たなお付き合いや出会いを大切にしていきたいのがまずはじめにある。一人の力は限られているし、しょせん人間なので、プロジェクトやチームベースで事業に取り組んでいきたいと思う。

　それはビジネスの規模や売り上げの多寡ではなく、マインドやモチベーションを前提とした事業でないといけないと感じる。当然、売り上げや最終利益など、自分に跳ね返る収入は言うまでもなく大切なのだが、自分の意思を押し殺したり、不条理な気分になったりしてまで、政治的なプロジェクトに取り組むつもりはない。

　また、会社員時代には当たり前のこととして実感しなかったが、会社には福利厚生からサラリーまでさまざまな面でお世話になっていた事実がある。こうした恩恵すべてが当たり前ではないのだということを大事に心に刻みながら、今後歩んでいきたい。そして起業した際に、会社では得られなかったミッションやビジョンを追求していくのが、社会に対する自身の役割だと考えている。

　弊社インアウトワークスのミッションとビジョンは以下の通り。
　ミッション:「日本のアーティストをアジアに輸出、アジアのアーティストを日本に輸入し、音楽を通じてアジアとの文化交流を促進する」

　ビジョン：「日本のカルチャーをアジアに、アジアのカルチャーを日本に相互交流させ、心身ともに健康で豊か、持続的な生活を世の中に提案する」

　起業して描く夢には、今まで以上の年収や自分しかできないプロジェクトの実現も含まれる。当然、その達成には苦しみや痛みも伴うだろう。でもそれ以上に、上記ミッション、ビジョンを掲げながら長く仕事を続け、社会貢献したく思う。生きる意味とはお金もうけだけでなく、家族や社会への貢献、自身の達成感や喜びをかみしめることだと信じている。それがなければ生きる価値がないと常々思っている。

　それと健康。コロナ禍になってからずっと腰痛に苦しんでいるが、これほどカラダの不調が仕事のみならず万事に影響を及ぼすとは思わなかった。

　Life Of Health And Sustainability。ロハスという言葉で一時期はやったスローガンだが、健康で持続性のある生活は大変重要だと思うし自分でも追求していきたいと思っている。

本書は海外進出を志す
すべてのアーティストにささげる

　ここまで読み進んでいただいた読者は、音楽業界のスタッフや音楽業界を目指す学生、海外のエンタメビジネスに興味のある一般の方などさまざまだと推察される。もちろんこうした方々に読んでいただき、筆者のビジネスの一端を理解していただくことは、望外の喜びである。

　本書第3〜5章は、実際に海外興行を目指すアーティスト目線で記したつもりだ。SNSで誰とでもつながれる今日、音楽プラットフォームを介

してアーティストが自身の楽曲を南米やアフリカにいる将来のファンに聞いてもらえるという恩恵は、第2章に登場する海外に挑んだこれまでの日本人アーティストからしたら、想像を超えるラッキーな時代なのだ。

　私の周囲では、日本人アーティストがBTSの足跡をたどり同じようにグローバルヒットが出せるといい、という意見もある。確かにそうだ。

　ただ、BTSと100％同じ戦略で売っても日本人アーティストにはフィットしないだろう。学ぶべき技術や戦術はあるだろうが、結局はジャパニーズライク、すなわち日本人らしく海外展開しないといけないのだと感じている。

　日本人らしさを伝えるものとしてSNSで有効なのは音と映像なので、MVには必ず歌詞を付け、海外向けに歌詞の大意を英訳掲載、映像はアイキャッチなものにする。最近は夜好性アーティストに代表されるよう全編アニメーションで表現する形態がはやっているが、それもアリだと思う。YouTubeのみならず、SoundcloudやBandcampを活用して海外リスナーにリーチしやすくするのも手だと思う。とにかく、誰がいつどこでヒットを生めるか分からない時代にいるということだけは間違いない。

　メジャー、インディーズにかかわらずチャンスは平等に転がっているのが2020年代と考えている。そのチャンスをつかみ取るのにアーティストに必要なのは、リスナー動向分析とアクション、楽曲センス、タイミング、そして運と信じている。本書を読まれたアーティストの皆さんには、海外市場が昔ほどはるか遠くにある夢物語ではないのだ、ということだけお伝えしたい。さあ、動きだそう。

後進の育成

　齢55の私にとって、残り何年この仕事を継続できるかは自分との闘いと思っている。楽しみつつカラダを鍛えながら海外ビジネスを行っているので、まだ体力的に苦痛は感じていない。ただ40代と比べると体力の衰えはじわじわと感じ始めている。出張後の疲労回復や風邪の長引き具合がそれを物語っている。そのくせ仕事量は増えてきている。プロフェッショナルとしての気概や矜持（きょうじ）は持ち続けているものの、そろそろ私の片腕や分身となる後進の育成が急務と考えている。

　海外の仕事先で日本語も流暢（りゅうちょう）で能力が開花しそうな若いスタッフに出会うと、男女問わずリクルートしたくなるときがある。実際にこれまで出会った東アジアの若い業界関係者やスタッフで、母語の中国語や韓国語に加え、英語、日本語が流暢な人は多い。日本の20代の皆さんには申し訳ないが、語学の習得環境うんぬんの問題だけではないと思っている。なぜならば彼らにとって言語はあくまでも手段であり、興行に対する熱意や方法論を自分なりに習得しているのを実感できるからだ。

　私がブッキングエージェント、ツアーマネジャーとして育成したい後進の条件は以下だ。

①語学力
　海外と渡り合う仕事なので、語学力は最低限必要。昨今はアジア各国で日本語を話せるスタッフを雇用するプロモーターも徐々に増えつつあるが、やはり相手の言葉を話して心理的距離感を埋めることが肝要と思う。英語が基本だが、中国語の重要性は日ごとに増している。私も日々

記憶にとどめる程度に中国語をヒアリングしているが、語学はこつこつと毎日続けることが大切だ。なおTOEIC、HSKなどの英語や中国語の技能を考査する試験や資格は持っているに越したことはないが、マストではないと思っている。資格よりも現場力、経験値が何より大切だ。思い立ったら吉日。今すぐ語学学習を始めよう！

②交渉力

　海外ビジネスにおいて語学はできて当たり前。あくまでも手段だと思ってほしい。語学を用いて海外のプロモーターや関係者と条件交渉をすることが必要となる。当然ながら日本人アーティストの事務所が欲する条件を海外のプロモーターが100％受け入れることは考えづらい。よって交渉が必要となる。こちらの意図を理解してもらいつつ、相手のメリットも考えながら交渉をするのだ。

　事務所の主張する出演費は下げられないので、その分現地のホテルやレストランのランクを下げて公演全体の制作費が落ちるよう主催者に便宜を図るとか、物販手数料を上げて主催者収入が増えるようにしてあげるなど、方法論はいくらでもある。こちらの言い分を伝えただけでは交渉の溝はなかなか埋まらないのが常である。

③仲介力

　日本の事務所と海外の主催者に挟まれながらコーディネートするのがブッキングエージェントの役割だ。従って、双方の見解が異なる際、もみくちゃにされる立場でもある。

　事務所がA、主催者がBと主張した場合、エージェントがただの伝書バトだと双方の見解は平行線をたどるばかりである。そこで双方の間に立ってA'またはB'のような妥協点を探るのか、はたまたCという新たな提案で双方を納得、うならせるのかはエージェントの力量いかんである。ただし、それでも双方譲らない場合は自身の信念と道義に従って、事務

所を立てる場合、主催者の意見を尊重する場合とケースはさまざまだ。

　本来は日本の事務所をサポートすべき立場とは思うが、時と場合によっては日本の事務所が不条理なことを述べ、海外のプロモーターの意見が正しいと思う場面もある。その際は、いかに事務所を説きほぐすのかが腕の見せ所だ。最終的に双方が納得するところまで落としどころを見つけるまでの忍耐力と仲介力が必要となる。

④体力

　エージェントの仕事は海外とやりとりするので、国や地域によっては時差を越えて連絡を取らないといけないこともある。アーティストを海外に連れていく際は、早朝の空港集合から実質的な業務が始まることが多いが、朝4時起きでそのまま空港に集合し、機内でいったん仮眠はできるものの、現地に到着するなり取材やプロダクションミーティングなどで分刻みのスケジュールになる。

　夜はそのまま会食で現地の主催者と日本の事務所を仲介しつつ円滑なコミュニケーションを図るため英語や中国語で通訳することもある。ホテルに戻ったら深夜で、翌日は早朝から会場入り、なんていうことは頻繁に起きるのだ。

　コンサート本番まではバタバタとし、解決しなければいけない現場の些末（さまつ）な問題を速やかに処理していく。気づくとライブが終わり、終了後の撤収から打ち上げ会場までの流れを確認、打ち上げでの仕切りや二次会のセッティングまで、手配師としてこなしていく。

　翌朝は朝食も満足に取れぬままロビー集合でそのまま空港に直行というのが通常のパターン。体力なくしてはこなせないのが本音だ。とはいえ、筋トレで鍛えた筋肉が必要というよりは、気力の延長にある体力があれば大丈夫だと思う。細身で体力がありそうには見えない女性スタッフが、結構粘り強く現場を仕切るケースも多々あるので、性別による差異はそれほどないと感じている。来たれ、女性たちよ！

⑤好奇心

　どの業界でもそうだが、自分のまい進するビジネスに興味を持ち、日ごろから探求心を持つのは大切なことだ。音楽業界は特に、嗜好（しこう）性の高い商品を扱う業種なゆえ、なおさらそうかもしれない。

　語弊があるかもしれないが、やじ馬根性がある程度あった方が、ビジネス感性は高いと思う。自身が関わるアーティストの食の好みとかファッションなどに関心を持つのはもちろんのこと、マネジャーの趣味や制作スタッフのこだわりなどが分かってくると、相手の気持ちに共感できたり、ひいては仕事が円滑に進んだりすることがあるものだ。
　私もアーティストやスタッフと一定期間を経て気心が知れるようになってから趣味や好きな音楽など当たり障りのない範囲で質問したり、酒席でこれまでの人生や将来の夢、人生観などを聞いたりすることがある。それはひとえに人間に対する興味や好奇心から生まれるものだ。

　現場では、「なぜ今回は券売が伸びなかったのか?」とか、「コンサート動員数に大きな変化がなかったものの、動員層に変化が生じた背景は?」など、リサーチをして原因を追求したくなる。ビジネスなので失敗原因を探るのは当たり前だが、長年ルーティーンを繰り返していると感覚が鈍くなり、ただ興行をして終了、また次の興行を仕掛けて終わりの繰り返しとなり、学ばなくなるケースも多々ある。歳を重ねても業界に長くいても、学びを忘れてはいけないとつくづく感じる。

⑥人間力

　この力は恐らく一番大切で、かつ後天的に獲得しづらい。胆力と言い換えてもいい。度量の深さというのか、人間味というのか。以下の項目に7つ当てはまっていれば、人間力は十分だと思う。

☐ 相手を思いやり相手のために何かしてあげる。

☐ 自分が正しいと思ったことは主張し、納得するまで曲げない。

☐ 誤ったら自分の非を認め、他人のせいにしない。

☐ 新たなチャレンジを恐れない。

☐ 必要があればリスクを背負ってでも立ち向かう。

☐ 他人を心から褒めてあげられる。

☐ 尊敬できる人間とは年齢を越えて付き合える。

☐ 社会的な上下関係に左右されない。

☐ 常に前向きでいられるよう感情をコントロールできる。

☐ 嫌なことがあっても長く引きずらない。

10章

データ編

「これからはアジアの時代」

　19世紀は欧州、20世紀は米国、そしてこの21世紀はアジアの時代といわれている。確かに一昔前まで経済的にも文化的にも立ち遅れていたアジア各国が、今では経済成長率が先進国に比べひときわ高く、GDPは高みに到達、IT環境も整備され、個人消費額は年々伸長している。アジアの巨竜と呼ばれる中国がいよいよあらゆる分野で米国の数字を超えつつある今、まさにアジアの時代到来といったところだろう。さて、最終章となる本章ではアジアをデータで客観的に俯瞰（ふかん）し、その実態を把握したうえでどうやってアジア各国と日本は付き合っていけばいいのか、私なりの回答を導き出したいと思う。

　アジア各国の基本データから文化的嗜好（しこう）性に至るまで、大まかな把握をしておきたい。（出展：JETRO）

中華人民共和国
人口：14億5万人（2019年末時点）
1人当たりの名目GDP：9920米ドル（2018年）
中位年齢：38.7歳（2016 総務省統計局）
平均年収：1万410米ドル（world data info）
宗教：仏教、キリスト教、イスラム教など
公用語：中国語（公用語）
在留邦人数：12万76人（2018年10月1日時点。香港・マカオ含む）

大韓民国
人口：5170万人（2019年中位推計）
1人当たりの名目GDP：3万1838米ドル（2019年）
中位年齢：43.1歳（2016 総務省統計局）
平均年収：3万3790米ドル（world data info）
宗教：仏教、プロテスタント、カトリックなど
公用語：韓国語
在留邦人数：3万9403人（2018年10月1日時点）

香港
人口：750万人（2019年末）
1人当たりの名目GDP：4万9334米ドル
中位年齢：46.9歳（2016 総務省統計局）
平均年収：5万800米ドル（world data info）
宗教：仏教、道教、キリスト教
公用語：中国語と英語
在留邦人数：2万6271人（2018年10月1日時点）

台湾
人口：2360万人（2019年末）
1人当たりの名目GDP総額：2万5893米ドル（2019年）
中位年齢：40.7歳（2016 総務省統計局）
平均年収：2万1940米ドル（world data info）
宗教：仏教、道教、キリスト教
公用語：中国語（公用語）、閩南語（台湾語）、客家語
在留邦人数：2万4280人（2018年10月1日時点）

シンガポール共和国
人口：570万人（2019年）
1人当たりの名目GDP：6万3987米ドル（2019年）
中位年齢：38.7歳（2016 総務省統計局）
平均年収：5万9590米ドル（world data info）
宗教：仏教、イスラム教、ヒンズー教、道教、キリスト教ほか
公用語：英語、中国語（北京語）、マレー語、タミル語　＊国語はマレー語
在留邦人数：3万6624人（2018年10月1日時点）

マレーシア
人口：3258万人（2019年）
1人当たりの名目GDP：1万1198米ドル（2019年）
中位年齢：38.7歳（2016 総務省統計局）
平均年収：1万1230米ドル（world data info）
宗教：イスラム教、仏教、キリスト教、ヒンズー教など

公用語：マレー語
在留邦人数：2万6555人（2018年10月1日時点）

タイ王国
人口：6641万人（2018年）
1人当たりの名目GDP：7792米ドル（2019年）
中位年齢：40.5歳（2016 総務省統計局）
平均年収：7260米ドル（world data info）
宗教：仏教、イスラム教、キリスト教など
公用語：タイ語
在留邦人数：7万5647人（2018年10月1日時点）

インドネシア共和国
人口：2億6691万人（2018年）
1人当たりの名目GDP：4164米ドル（2019年）
中位年齢：29.4歳（2016 総務省統計局）
平均年収：4050米ドル（world data info）
宗教：イスラム教、ヒンズー教、キリスト教ほか
公用語：インドネシア語
在留邦人数：1万9612人（2018年10月1日時点）

フィリピン共和国
人口：1億98万人（2015年）
1人当たりの名目GDP：3294米ドル（2019年）
中位年齢：25.4歳（2016 総務省統計局）
平均年収：3850米ドル（world data info）
宗教：カトリック教、その他キリスト教、イスラム教など
公用語：フィリピノ語、英語
在留邦人数：1万6894人（2018年10月1日時点）

ベトナム社会主義共和国
人口：9648万人（2019年）
1人当たりの名目GDP：2715米ドル（2019年）

中位年齢：32.6歳（2016 総務省統計局）
平均年収：2590米ドル（world data info）
宗教：仏教、カトリック、カオダイ教、ホアハオ教など
公用語：ベトナム語
在留邦人数：2万2125人（2018年10月1日時点）

各国の音楽事情・市場特性

　次に各国の、音楽に特化した市場特性や現況を把握しておきたい。

中国

　中国の音楽市場を一言で説明するのは困難といえる。グラフのように2000万人以上の人口を抱える省が20以上存在する広大な国土には方言も含めさまざまな言語、民族、宗教が存在しており、風土が育んだ各地の人々の性格や食の嗜好性も異なる。それに呼応するように、音楽に対する嗜好性も各地で微妙に異なってくる。

　大別すると、中国人はバラード好きといわれており、実際間違いではない思う。中国で大人気の台湾人アーティストやバンドは、ヒップホップやロックなどさまざまな表現形態を取りライブパフォーマンスを行っているが、彼らに共通するのはキラーチューンに必ずバラードが存在するということだ。ジェイ・チョウ（周杰倫）では『七里香』、MAYDAY（五月天）なら『突然好想你』など心に染み入るバラード曲が会場でも大合唱となって盛り上がる。このように、バラードを持ち歌にするのは中国において大変有効だと考える。ハードロックやEDMの受容もないわけではないが、中国のライブハウスで見たローカルバンドを見ていると、ポストロックやライトロックなど耳障りがよく聴いていてい心地よいサウンドが潮流になっている気がした。

　一方で、中国は前述したように、歌詞検閲を行う国なので、政治、宗教、暴力、性などをテーマにした楽曲は興行を実施する際、不適格曲として削除される可能性が高い。習近平国家主席による儒教的価値観や道徳に関する新たな指針として、2018年1月メディア当局がヒップホップを規制対象に選定。タトゥー（入れ墨）を入れた芸能人やヒップホップ文化、サブカルチャー、非道徳的な文化をテレビで扱わないよう求める指示を出した。これは同ジャンルがメッセージを載せやすい音楽だからなのだろう。入れ墨まで規制対象になるという話だと欧米のロックバンドは大半

が対象となるのではないか。

　昨今の中国では音楽フェスティバルが隆盛で、どの都市でも町おこしのようにその数を増やしている。私がブッキングを試みたバンドはジャンル的に不適合としてあえなく除外されてしまったが、ダンスポップとシティーポップに属するアーティストは求めていたようだった。EDMはもはやかつてのような活況を呈してはいないが、ダンスミュージックとしての需要は中国で比較的高いのだと感じた。きっと水曜日のカンパネラやDAOKOは求められているジャンルを表現するアーティストに近いのだと思う。シティーポップで言うと、日本ではThe fin.が2018年春に中国で10都市近くをワンマン公演で周り、1000人程度のライブハウスをどこも満杯にした。ここにも別の潮流が感じられる。日本はかつて渋谷系というジャンルがはやったが、これが日本でも再燃する気配を見せている。韓国ではそのまま渋谷系というネーミングで当時のCDショップに特設コーナーが設けられていた。それが今の中国で人気の高いジャンルとなっている。これは、日本にとって追い風ではないだろうか。日本には上質のシティーポップが常に存在する。昨今のバンドブームが一服、SuchmosやNulbarichにみられるR&Bや黒っぽい音楽が回帰してきたり、bonobosやKing Gnuなど良質のバンドが台頭してきたりしている。場合によっては、この手のバンドが中国10都市以上でツアーができる新たな日本発のアーティストになるかもしれない。期待感大である。

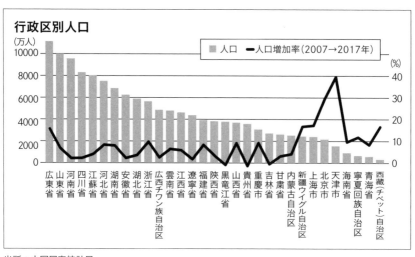

出所：中国国家統計局

韓国

　韓国といえばK-POP。K-POPの日本を含むアジアでの席巻、いや今や世界中で
チャートや動員をにぎわせているジャンルとしてのプレゼンスの高さは目を見張る
ものがある。日本人アーティストが何度も挑戦し果たせなかったビルボードチャー
ト首位獲得やマジソン・スクエア・ガーデンでの満員公演は、同じアジア人として
まぶしく映るし、うらやましい。

　韓国国内の音楽市場であるが、デジタルフォーマットをアジアでいち早く取り入
れた国だけに、デジタルと親和性の高い、アップビートにグループでダンスをするK-
POPフォーマットの礎が早々に形作られていったと記憶している。昨今では日本同
様にEDMのフェスティバル「Ultra Korea」がアジアで先んじて行われた国でもある。

　歴史的背景を見ると、東アジア特有のバラードやジャズが音楽ジャンルとして人
気を確立していた韓国。一方でハードロックでもシナウィー(Sinawe)のように個性
的でユニークなバンドが昔から多く存在していた。最近の動向といえば、K-POP
隆盛の裏で、今なお国内で人気を博すロックバンドが存在する。韓国を代表するバ
ンドといえばソテジ・ソ・アイドルがすぐに思い浮かぶが、最近ではGukkastenや
NELLなど高音域が圧倒的な個性のバンドやUKロックに大いに影響を受けたバンド
などが、日本でも公演を行っている。

　韓国版演歌のトロットも存在する意味では日本同様、ジャンルの裾野が幅広い
といえる。さて、その韓国では安全地帯、L'Arc-en-Ciel、中島美嘉、TUBE、T-
SQUAREなどバラード、ロック、ポップス、フュージョンとさまざまなジャンルの
日本の音楽が親しまれてきた。2004年1月に日本語歌詞の音楽解禁が政府によって
正式に行われ、それまでCDなど音楽商品の発売は行われていたが、新たに韓国メデ
ィアによる日本語楽曲の放送が認められることとなった。とはいえ、実際にはKBS、
MBC、SBSという韓国3大放送局は、自局が最初にJ-POPを放送するのを意図的に
避け、お互いけん制しあってきた経緯がある。

　こうした背景もさることながら、日韓間の音楽貿易に関しては日本が輸入超過の
状態が続いているため、ここ数年韓国で日本人アーティストのワンマン公演に携わ
った記憶がない。MIYAVI、SPYAIR、ONE OK ROCKなどがワンマン公演を行って
いる事実は耳にするが、実際どれだけの韓国人が日本の音楽に対して欲求があるの
か、懐疑的だ。確かに韓国の音楽フェスティバルでは日本人アーティストが出演す
ると盛り上がる瞬間を何度も見てきている。ただ、それがワンマン公演にどれだけ

結実するのか分からない面もあった。そこで信頼のおける現地プロモーターに日本人アーティスト数組の韓国公演を提案してみたところ、思いの外反応がよかったので、さっそく動いてみた。実際に韓国で興行を仕掛けて分かったことだが、韓国の音楽ファンは演奏技巧を非常に高く評価するのだと改めて感じた。日本最高峰のバンドを見たいと思う観客は20〜30代の男性を中心として、彼らの演奏技術に敬意を表しているのだ。ギタリストのソロパートでは、特に拍手や歓声が大きく響き渡っていた。物販もCDだけでなくレコード盤がよく売れた。このように、韓国のファンが共感するのは本物の音楽性を有したアーティストなのだろうと再認識した次第である。

　よって韓国市場に入り込む際は、ルックスやポップ性だけでなく歌唱力や演奏力が問われることを肝に銘じた方がよいと思う。

　総じて、韓国の音楽市場であるがコロナ禍でライブハウスの廃業が相次いで耳に入ってきている。MUV Hall、V-Hall、Once in a Blue Moonなど2000年代初頭に営業を始めたロックやジャズのライブハウスが次々に閉店に追い込まれているのだ。韓国政府がどこまでライブハウスや音楽業界に対する支援策を講じているか詳細は分からないが、少なくとも私の知っているコンサートプロモーターは、国からの助成金がないためアルバイトをしながらひとまずの生計を立てているとのことだった。一方で韓国政府がBTSのメンバーの兵役義務を30歳まで延期できる法案を可決した。BTSのようなドル箱アーティストは海外で稼いでもらい韓国国内へその財源を落としてもらえばよく、その他の韓国人アーティストやバンドのための表現の場であるライブハウスが無くなるという事態。韓国で自国の音楽シーンが空洞化する危険をはらんでいると、重い気持ちになった。

香港

　香港といえば、昔から四天王が存在し音楽市場の主流を占めていたイメージが大きい。四天王とはジャッキー・チュン、レオン・ライ、アーロン・クウォック、アンディ・ラウの4人の男性シンガーを指す。アンディ・ラウは俳優としても有名だが、この4人は既に50代となっている。若くしてデビューした彼らは香港のテレビ局がマネジメント契約をしており、ドラマや歌番組など80年代からメディアを通じて露出されていた。結果、人気が集中、あまりにも有名になり、後進が育ちづらい環境を皮肉にも生んでいくこととなる。バンドではBeyond（ビヨンド）という伝説的なバンドが生まれたが、メンバーの1人が来日中にテレビ番組の収録で悲劇的

186

な事故死を遂げ、急きょ活動が終息することとなった。女性も王菲（フェイ・ウォン）のように日本でも人気の高い女優兼シンガーが脚光を浴びるが、後続の若手シンガーが追い付いていない。このように、香港の音楽シーンは新人に恵まれていないという印象が強い。その中で久々に期待度が高いのは、Supper Moment（サパーモーメント）というバンドだ。彼らは既に1万人クラスの会場を余裕で埋められる動員力を持った、メロディアスな実力派ロックバンドで、日本のロックバンドにビジュアル面で影響を受けた印象を持つ。

　香港は概してロックよりはバラードやダンスポップを好む傾向がある。また英国の植民地としての歴史的背景や準英語圏ということもあり、欧米のバンドやアーティストがよくコンサートで訪れる場所でもある。香港で行われている野外音楽フェスティバルClockenflap（クロッケンフラップ）は、香港在住の英国人が主催していることもあり、全体的にほどよく組織され非常に洗練された演出を行っている。日本のアーティストもこのフェスティバルに出演しており、これまでにLOVE PSYCHEDELICO、SEKAI NO OWARI、水曜日のカンパネラなど、さまざまなジャンルのアーティストやバンドがブッキングされている。

　日本音楽の香港での受容経緯として、第2章で述べたよう80年代前半から香港の音楽市場に、「香港人アーティストによるカバー楽曲」としてJ-POPが入り込んでいった。CHAGE and ASKA、安全地帯、徳永英明、中島みゆきなど自作曲がカバーされていた日本人アーティストは枚挙にいとまがない。こうした前提も手伝って、日本の音楽や日本人アーティストは現地メディアやプロモーターを介して、香港人に比較的ポジティブに受け入れられている。現在は徐々に中国政府の影響力が強まり、経済特区としての自治権をじわじわと奪われていくのではという懸念があるが、政府に規制されず商業性の高い自由な音楽公演が行われる限り、香港の音楽市場は海外のアーティストをこれまで通り受け入れてくれると信じている。

台湾

　アジアで最も日本音楽を受容しているのが台湾だ。そもそもは日本と台湾の歴史的背景に端を発する。1895年日清戦争後締結された下関条約の下、日本の植民地となった台湾では、日本統治時代の最高統治機関である台湾総督府指導の下、皇民化政策の一環として日本語教育が進められる一方、鉄道、水利、発電事業など文化発展の礎となるさまざまな近代化政策により、人々の生活水準は徐々に上昇していった。

こうした背景もあってか、日本に対する台湾人の関心は高く、好意的な感情も抱いてくれている。台湾は日本にとって特別な関係といえる。2011年の東日本大震災で200億円以上のもの募金を施してくれた台湾。さて、その台湾はアジアで日本に次いで多くの音楽ジャンルを内包している。

　この背景を説明するため、台湾の歴史に少し触れておく。台湾の正式名称は中華民国であるが、それは1949年中国本土に中華人民共和国が成立したため、崩壊状態に陥った南京国民政府を蒋介石が台湾に移転して再編成したことによって成立した台湾国民党政府のことである。この台湾国民党政府は台湾原住民による政治参加を拒否したため、不満を持った民衆が国民党政府と衝突した。これが1947年に起きた二・二八事件である。これをきっかけに台湾国民党政府は1987年までの40年間戒厳令を敷き、台湾住民による集会や結社を禁止、言論の自由も取り上げた。海外の音楽を聴くこともご法度だったのだ。

　この戒厳令下、台湾の若者たちは政治に対する不満を表現すべくバンドを組み、メッセージ性のあるロックを奏で始めた。そして台湾のインディーズレーベル「角頭音楽」など音楽関係者が少数民族や原住民の音楽的多様性をCDリリースで紹介、支援してきた。このようにして台湾の音楽はジャンルにおいて徐々に多面性を包含してきたのだ。台湾は16もの原住民と、客家（ハッカ：客家語を共有する漢民族の一支流）、閩南（ビンナン：福建省から渡ってきた民族）なども混在する、非常に多元的な社会である。

　そもそもアミ族など少数民族が演奏、歌唱する音楽は自然と調和した旋律のように響き、台湾や奄美大島のメロディーや歌唱法に類似性を感じる。また台湾独自の演歌も古くからあり、日本の演歌も自然と受け入れられてきた。

　ローカル音楽の主流は古くはバラードが、昨今ではロックやポップなど多様性に富んでいる。特に最近の台湾ロックバンドは、日本の影響を受けそれをさらに昇華させた展開を見せている。"人類最強のロックバンド"MAYDAY（五月天）も台湾出身のバンドで、役者としても活躍するスーパースター、ジェイ・チョウ（周杰倫）も台湾出身で中華圏、いやアジアを席巻している。K-POPに比肩するのはT-POPを置いて他にないのだ。

　台湾人は昔からオリコンチャートを見ながら日本の音楽を受容してきた。それは、まるで日本人がビルボードチャートを参考にしながら欧米アーティストを認知してきた経緯と酷似している。よって、極端に相性の悪いジャンルを除けば、ほとんどの日本の音楽は台湾である程度は認知され人気となった。ただし、ここまで日本の音楽ジャンルが多様化すると台湾でも受け入れづらいジャンルが生まれているのも

事実だ。アニソン、アイドル、ビジュアルロック、演歌、ポップスはすべて台湾で受け入れられている。一方、ダンス、ヒップホップなどは比較的受容されていない気がする。

　日本の音楽やアーティストを海外に売り込む際は、台湾を起点とした戦略を進めるのが王道となっているのが実情だ。私自身、海外に進出したいという事務所から相談を受ける際、まず台湾から始めるのが妥当だと提案している。年間100公演近く行われている日本人アーティストの台湾公演を考えると、全国ツアーを組む日本人アーティストが福岡公演の次に台湾公演をブッキング、アジアツアーと銘打つケースも自然な流れといえる。2360万人の人口のうち5%でも日本の音楽を受け入れてくれるとすれば、台湾は決して無視できない市場といえる。

シンガポール

　東南アジアで最も先進した国がシンガポールだ。1人当たりの名目GDPが6万3987米ドルと日本よりも高いこの国は、人口こそ570万人だが高価格帯の商品やサービスを販売、提供するには最適な市場といえる。英語と中国語（北京語）が公用語で欧米人にとってストレスのないこの国では、欧米人アーティストの公演も広く行われている。世界のトップアーティストを受け入れるためのコンサートプロモーターによる用意周到な準備や下地、すなわち音響、照明など基本機材を備えた大小のライブ会場や、それらを扱えるエンジニア、テクニシャンの育成も徹底されている。

　一方、シンガポールにはローカルアーティストが皆無だという話が昔から取り沙汰されている。実際、シンガポールにはローカルアーティストが存在するのだが、他のアジア周辺国から目立った存在として認識されていないのが実情である。1989年「マッド・チャイナマン」で鮮烈なデビューをしたシンガポール人、ディック・リーはその名を日本でもとどろかせ、当時の日本でブームとなったワールドミュージックの一翼を担った。彼の存在が、シンガポール人にとってエンタテインメント分野でのアイデンティティーを対外的に打ち出す大きな契機となったことは間違いない。

　それから30年がたち、多くのローカルアーティストが現れてきているが、タニア・チュア（蔡健雅）など一部のアーティストを除いて、中華圏全域で知られるアーティストは稀有（けう）だと記憶している。

　その原因の一つは、シンガポール出身の中華系アーティストは、現地のレコード会社からデビューせず、市場のより大きな台湾で契約をするケースが多いからだ。台湾アーティストとして扱われることで、台湾での認知度拡大を早々に狙えるし、す

ぐ隣の香港や中国本土を狙っていける市場メリットもある。そんな中、最近耳にしたのがBenjamin Kheng（金文明）というアーティストだ。このアーティストは中華系シンガポール人で、所属レーベルはソニー・ミュージック。彼はとっても洗練されていて、音楽性も今どきのポップを表現している。次世代のシンガポールアーティストとして注目株だ。非常に期待したい。

　そんなシンガポール市場で現在受け入れられているのは、欧米アーティストを除くとK-POPが主流といえる。日本人アーティストの楽曲認知も80〜90年代には相当あったのだが、アーティスト自体が公演やキャンペーンで足しげく通わなかったのと、日本語楽曲を宣伝するメディアの減少や消滅、日本ドラマ受容度の低減などさまざまな理由により、2000年代以降は韓国のエンタテインメントに市場が取って代わられた。当時コンサートで現地を訪れていたCHAGE and ASKAや安全地帯は40代以降のシンガポール人には相応の人気を保っているが、足が遠のいた後は、かつての市場を取り戻す状況には至っていない。

　2008年からスタートした日本アニメ好きのシンガポール人主催のジャパンポップカルチャーフェスティバルAnime Festival Asiaは日本の得意とするアニメ、ゲーム、コミック、アニソンでシンガポール国内の日本エンタメ市場をじわじわと広げてくれている。ここ数年でシンガポールからインドネシア、タイランド、マレーシア、香港にまでその商圏を広げ、現在では3日間の会期でシンガポールだけで10万人を集客する巨大なイベントとなっており、シンガポール観光局からもサポートを受ける国家的催事となっている。

　翻って、日本人がシンガポールで公演をする際は、東アジアと比べて集客は決して楽ではないので、まずはライブハウスで数百人を動員することから始めるのが無難といえる。ONE OK ROCK、RADWIMPSなど一部のアーティストは2000人以上動員できるが、数百人の集客でさえ苦労している日本人アーティストが少なからず存在するので、その辺は慎重に見極めるべきと考える。

マレーシア

　今まで興行を仕掛けた経験値が低く、他の国と比べると語れる材料が少ない。その中でも知っておくべきは、厳格なイスラム国家という背景の下、露出度の高い衣装をまとったアーティストや過激なビジュアルのバンドは興行実施の際、宗教上の風紀を乱すという理由で規制を受けることがあるということ。ローカルアーティストが比較的多く独自の音楽市場を形成しているイメージもある。音楽ジャンルとしては聴きやすいポップスが主流だ。

　知人のマレーシア人が関わっているYunaは特に注目株。2008年にデビュー、2010年にはマレーシアのグラミー賞といわれるAnugerah Industri Muzikで最優秀新人賞など4部門を受賞。2011年にはPharrel WilliamsプロデュースのもとアルバムをリリースL、知名度がぐんと上がり瞬く間にアジアや米国で一目置かれる存在となった。現在は米国を本拠地としてながらマレーシアとを行き来する活動を続けている。

　ガンズ&ローゼズに影響を受けたと思われるハードロックバンドWingsも30年以上にわたって長く活動している。

　シンガポールと地続きだが、3300万の人口はそれだけ多くのジャンルを内包するだけの土壌があるのだと思われる。日本人アーティストではLOUDNESSなどのハードロック系、押尾コータローなどのインストゥルメンタル系と2大ジャンルが受け入れられている。今後日本のアーティストが受容されるかどうかは、戦略的なアプローチで特化したジャンルの日本人アーティストを、いかに効果的に紹介できるかに大きくかかっている。

タイ

　タイといえばエンタテインメント大国というのが私の強い印象である。バンコクの繁華街ではムエタイ、ストリップ、ポールダンス、海賊品露天商、ライブバー、タイマッサージ、屋台などにぎやかでわい雑なナイトストリートのイメージが浮かんでくる。そうした一方で、仏教国の人々はみな笑顔がすてきだ。タイのプミポン国王が崩御されて国民が悲しんだニュースはいまだ記憶に新しいが、プミポン国王が大のジャズ好きだったのは、これまた有名な話である。国王にはじまりタイの国民はみな音楽が大好きで、音楽は日々の生活から切っても切り離せない存在なのだろう。街は音楽が常にあふれている。タイはジャズ以外にもロックやポップスを受容する幅広い音楽嗜好国家だ。ジャズフェスティバルは昔から行われているし、ロックバンドやポップスグループも数多く輩出されている。ただ、タイを代表するバンド、アーティスト名を挙げよと言われると一瞬戸惑ってしまう。アジアを席巻する有名なアーティストがまだ生まれていないのだろう。

　タイでは日本のアイドルグループ、特にジャニーズ系の人気が昔から高い。加えてビジュアル系バンドも相当な人気ぶりだ。最近タイをソロ公演で訪れた日本人アーティストはONE OK ROCK、RADWIMPS、SCANDAL、MIYAVIなど台湾や中国に比べてその数が限られており、まだまだK-POPと比べて劣勢な状況が続いている。数年前にはタイの大手エンタテインメント企業のBEC-TEROが日本人アーティ

ストを中心とした音楽フェスティバルSonic Bangを独自に立ち上げたが長くは続かなかった。継続は力なりというが、やはりフェスでも1、2年で終息してしまうと根付かないものである。現状はタイで長年行われているロックフェスBig Mountain Festivalなどに出演させながら、日本人アーティストのプレゼンスを徐々に高めていくことが肝要だと思う。

インドネシア

　この国の名前を聞くと、交通渋滞が思い浮かぶ。空港からジャカルタ市内のホテルは通常タクシーで40分程度の距離感なのだが、週末や夕方のラッシュアワーでは3時間以上かかってしまう。一方通行の幹線道路が多いのと、鉄道路線が充実していないためマイカー、タクシー、バスのいずれかで移動せざるを得ないインフラ状況がこの悪名高い渋滞を生んでいる。早急な交通網の整備が期待される。さて、音楽でいえばインドネシアはアジアでも有数のミュージシャンシップが高い国といえる。出張のたびに街角でギターを背負って歩いたり、広場でギターを奏でる人をよく見かける。それだけ国民にも音楽が身近なものとして存在しているのだろう。実際インドネシアには技巧的にも卓越したローカルミュージシャンが多く存在している。ジャワジャズフェスティバルは、アジアでも有数なジャズフェスティバルの一つで、海外からも著名なミュージシャンやバンドが毎年多く参加している。市内のショッピングモールにはヤマハ音楽学校や楽器ショップがテナントで入っており、同国の音楽意識のレベルが商業面にも表れていると実感した。

　インドネシアはフィリピンと同様、日本人アーティストのFacebookに「いいね！」を押す人が極めて多い国だ。多くの事務所が、「フィリピンとインドネシアにファンが多いようですが、実際コンサートとか可能性あるんですか？」と私に質問してくる。本音を伝えると、みながっかりと失望する。私の過去の経験では、インドネシアで大成功した日本のアーティストはごく一部を除いて皆無ではないかと思われる。確かにアニソンイベントやJ-POPのフェスティバルは年に数回行われている。日本の音楽が好きなインドネシア人も周りに少なからずいる。それでも、いざ公演を行う際に問題となるのは、1人当たりの名目GDPが低い分チケット価格を高く設定できないことだ。すなわち、動員で相当な人数を集客できない限り満足な出演費は得られない。あるアーティストのワンマン公演を実施したが、満足のいく動員結果ではなかった。主催者と話して思ったのは、その理由が主催者の宣伝不足や日本人アーティストの不人気ということではなく、市場経済的に日本人アーティストが満足のいく出演費を得られる状況ではないということだった。VIPチケットのように高

価格帯チケットを多く販売してもなかなか売り切れず、一般チケット価格も安価に設定しないと売れないという事実がある。その点、欧米アーティストやK-POPアーティストは日本人アーティストよりも圧倒的に認知度や人気が高く、高価格帯チケットが売れる市場だと実感した。日本の音楽が勝負するにはインドネシア市場におけるJ-POP全体の底上げが急務と思う。インドネシア国民のもう一つの国家といわれている五輪真弓の『心の友』のような大ヒット曲がいま必要なのだ。

アジア人同士だから共感できる
メンタリティと世界進出

　欧米人がアジアに一目置き始めたのが21世紀だといえる。それまでは欧米の音楽が世界中を席巻していた。ラジオ、テレビ、ジュークボックス、カラオケ、ウェブ。音楽が流れる場所では、どこでもビルボードチャート上位の楽曲が世の中を占有していた。それが21世紀になり、SNSや音楽配信サービスが主流になるに伴い、じわじわとアジアの音楽が世界中の人に聴かれる機会が増えてきた。2020年末、韓国のグループBTS（防弾少年団）のアルバム『BE』が、米ビルボード・アルバム・チャートBillboard200で初登場1位を獲得、ニュー・シングル『Life Goes On』もソング・チャートHot100を1位で発進した。アルバムとシングルがそれぞれのチャートで同時に初登場1位を獲得したのは、テイラー・スウィフトに続く2番目の快挙とのことだ。彼らは米国や英国のアリーナを毎回、数日間ソールドアウトにしている。しかも来場者は在米、在英韓国人だけでなく、現地の米国人や英国人だという。このように、かつては想像だにしなかった状況が起きている。

　アジアのアーティストは一般に欧米に目を向けなくても、アジア市場だけで十分な興行収益を上げることができる。もちろんそれには中国市場が欠かせない。世界3大メジャーのソニーミュージック、ワーナー・ミュージック、ユニバーサル・ミュージックは米国に本社を置き、オーストラリア、香港、シンガポールでアジア統括本部を運営しているが、トップはほとんどが欧米人である。彼らは欧米のアーティストを本国同様アジアでもチャートインさせるべく現地のアジア人スタッフに働きかけている。しかし、状況が変化しK-POPなど一部のアジア人アーティストが世界を席巻できるようになったり、中華圏アーティストがアジア全域で大人気となったりするに従い、アジア人アーティストのマネジメントや興行に興味を示してきている。欧米人からしたら、自国のアーティストをアジア市場で売り込むのは比較

的容易な作業かもしれないが、アジア人アーティストに対する目利きや育成というのは、彼らにとって困難なのではないかと思っている。一つにはシンパシーの問題だ。彼らにとってやはりアジア人はアジア人なのだ。欧米人目線で見た場合、マレーシア人アーティストのどこに興味が湧くのかは、アジア市場ではなく欧米市場の視点となってくる。それは結局のところローカルアーティストの特異性も見逃すことになり、アジアの覇者となる近道から遠ざかってしまう。その場合、そのマレーシア人アーティストの取るべき戦略は欧米デビューし、現地でヒットチャートをにぎわし、その余勢を駆って出身国に逆輸入するということになるだろう。台湾人アーティストのココ・リー（李玟）という女性アーティストがいる。彼女はソニー・ミュージックの戦略として米国デビューを果たし、グローバルな展開を進めていった。その結果ある程度の成功を収めたのだが、ビジュアル含めすっかり米国人的なトーン＆マナーになってしまい、台湾市場では逆輸入が成功しなかったという記憶がある。一方マレーシア人アーティストのYUNAは米国でデビューした後マレーシアにも頻繁に帰国、ミュージックビデオの撮影やライブを行ったりと米国だけに偏らず、英語とマレー語の歌唱を使いわけ自国のオーディエンスも大事にするというスタンスを継続している。

　ここで私の主張するのは、まずアジアで一番になり、アジア人の個性を損ねることなく欧米展開（もし希望するなら）をしようということである。アジア人の個性を捨てずそのまま欧米進出をする機会や環境が整っている今、無理をして欧米市場のトーン＆マナーに迎合しなくてもよいということだ。もっと言えば、アジア市場で一番になるアーティストは、動員規模、興行収益、配信チャートで結果的に世界ナンバーワンになる可能性が高い時代に来ているということだ。中国を制する者は世界を制する、とは音楽業界でも今となっては確固たる事実である。これまで何度となく数々の日本人アーティストが単独で欧米を目指しその度に挫折してきた。しかし、これからの日本人アーティストは他のアジア人アーティストと手を取り合ってアジアを、そして世界を目指す時代だと信じている。韓国人や台湾人のアーティストが単独でワールドツアーを行う時代に、日本人も頑張って彼らの背中を追いかけることも大切かもしれない。しかし、究極的には彼らとパートナーシップを結んでお互いの長所を生かし合い、一緒に世界を目指すことがより近道なのではないだろうか。日本にはスペックの高い演出や照明・音響技術があり、優れた作曲・演奏能力を誇るアーティスト層の厚さがある。韓国にはレベルの高いトラックプロデューサー、高度のダンスを再現できるグループ、それに海外を意識した多言語対応能力がある。中国には世界で最も話されている言語で豊かな歌詞を表現できるバンド

や14億人から輩出され得る未曽有の才能が埋もれている。日中韓合作バンドやグループを通じて日本の音楽を海外に発信することがJ-POP復権のために急務であると痛切に思うのだ。

アジア音楽に対する理解を深める

　日本ではK-POPが定着してから早や20年近くになる。誰もがここまでK-POPが継続した人気を保ち続けるとは夢にも思わなかっただろう。日本の音楽市場に新たなジャンルが生まれたのはいいことであるし、アイドルとともに音楽産業の一端を担っていることに対しては感謝の気持ちもある。実際自分の周りに老若男女問わずK-POP好きな人が増えているのを見るにつけ、魅力が高いのだなと実感する。かつて仕事でK-POPコンサートを見に行ってダンスのシンクロ度の高さとキレのすごさに舌を巻いたことがある。日本の女性が韓国人に熱狂するのも当たり前と思ったものだ。

　ただ、アジアにはK-POPだけでなく素晴らしい音楽が他にも多くあることに目を向けていきたい。最近では中華圏から多くの観光客や日本在住の社会人、学生が目立つようになってきた。もはや街角で中国語を耳にしない日はないほどだ。中国が経済的に躍進し富裕層が増えるに伴い、中華人のプレゼンスが高まってきている。それは、IT企業だけにとどまらず今後エンタテインメント産業でも目立つ存在になってくるであろう。中華圏では前述のように台湾人、香港人アーティストが中国大陸を1年で何十公演も巡演するツアーが頻繁に行われている。それだけで何十万人という観客を動員する大規模なイベントだ。日本でもこの20年間で、フェイ・ウォン（王菲）、ジェイ・チョウ（周杰倫）、アー・メイ（張惠妹）などビッグネームのアーティストが来日している。MAYDAY（五月天）に至っては、武道館公演を2日間連続で行う盛況ぶりだ。ただし、一方でまだまだ中華ポップ、すなわちC-POPに対する認知度や理解度はここ日本において低い。それは歌唱言語の問題が多分にあると思うし、K-POPグループのすごさは用意周到な語学習得を背景に日本語で歌唱、日本語で取材に応えているところだろうとは思う。

　日本人は生来、欧米人に対してコンプレックスを感じ、他のアジア人に対して優越感を持っていると思う。それは言語面でも同様で、英語で歌唱されたら理解できなくても受け入れてしまうが、中国語や韓国語で歌われると釈然とせず拒んでしまう傾向があるのではないか。それを思うに、日本人は概して狭量な国民性なのだと

己を恥じてしまうのだが、これからはアジアの時代なので、英語第一主義などと言ってはいられない。中国語に対しても理解しようと努力する姿勢が大切なのではないだろうか。別に日本人がみな中国語を勉強すべき、などと言うつもりは毛頭ない。中華圏ポップスにもメロディーと対訳で十分鑑賞できる素晴らしい音楽がありますよ、と言いたいのだ。私のビジネスは日本の音楽、文化、ポップカルチャーを海外に発信することだが、一方通行にとどまらず、海外の素晴らしい音楽や文化も日本に輸入することが極めて重要だと思っている。欧米市場はこれまで内需と外需を行い、ラテン系音楽など一部を除いては輸入を拒んできた傾向がある。それはおごりであるし、英語で歌唱しない音楽を毛嫌いしてきた歴史でもある。アジアの1カ国である日本は、他のアジアの音楽や文化をもっと知り、お互いに尊重し合えるようにしていかなければいけないと思う。それが結果的には日本の音楽やアーティストの海外進出を加速する契機になるのだ。

「アジアの主要音楽フェスティバル、アニメフェスティバル、業界コンベンション、ライブ会場、配信チャート」

1.音楽フェスティバル
中国
・Concrete&Grass Festival(混凝草音乐节)
都市：上海（野外）
時期：毎年9月2週末（土日2日開催）
動員数：計2万人
概要：2015年スタート。5つのテーマ別ステージに分かれており、ロックからラウド、EDMまでカバー。
過去出演日本アーティスト：RADWIMPS、SEKAI NO OWARI、MIYAVI、Crossfaithなど
URL：https://concreteandgrass.cn/

・Strawberry Music Festival(草莓音樂節)
都市：北京、上海、広州、成都など主要都市（屋内・野外）
時期：年間通して適宜（週末開催）
動員数：計4万〜10万人（場所や会期により異なる）

概要：2009年スタート。5つのステージで国内外から総勢100組のアーティストが出演。

過去出演日本アーティスト：Yogee New Waves、水曜日のカンパネラ、RADWIMPSなど

URL：https://www.modernsky.com/home/live_labels/11

・MTA Festival

都市：北京郊外（野外）

時期：5月2週末（3日開催）

動員数：計6万人

概要：2016年スタート。国内外から50組のアーティストが出演。MTAフェス（Music、Technology and Art）は、音楽、テクノロジー、芸術の三分野が融合、業界の壁を越えたイベント。中国のSXSW。

過去出演日本アーティスト：水曜日のカンパネラ

URL：https://www.facebook.com/mtafestival/

・MIDI Fesitval(迷笛音乐节)

都市：北京、上海、広州、成都など主要都市（屋内・野外）

時期：年間通して適宜（週末開催）

動員数：計3〜8万人（場所や会期により異なる）

概要：1997年北京MIDI音楽学校がスタートさせたロックフェスティバル。ロック、ポップ、エレクトロ、メタル、ヒップホップ各ジャンルのアーティストが国内外から出演。

過去出演日本アーティスト：Brahman、LOUDNESS、雨のパレードなど

・JZ Festival Shanghai(爵士上海音乐节)

都市：上海市内各会場（野外）

時期：9月末〜10月中旬（週末開催）

概要：2005年スタート。8つのステージで国内外から100組のアーティストが出演。ジャズ、ブルース、ソウル、R&B、ロック、ポップなど多岐のジャンルをカバー。

過去出演日本アーティスト：小野リサなど

URL：https://www.facebook.com/jzfestival/

台湾

・Megaport Festival(大港開唱)

都市：高雄（屋内・野外）

時期：3月最終週末（土日開催）

動員数：計2万人

概要：2006年スタート。6つのステージで国内外から総勢60組のアーティストが出演。

過去出演日本アーティスト：LOVE PSYCHEDELICO、GLIM SPANKY、酒井法子、打首獄門同好会、サンボマスター、ACIDMANなど

URL：http://www.megaportfest.com/

・Simple Life(簡單生活節)

都市：台北、台中（野外）＊上海でも開催

時期：隔年の12月2週末

動員数：計4〜6万人（場所や会期により異なる）

概要：2006年スタート。5つのステージで国内外から総勢60組のアーティストが出演。

過去出演日本アーティスト：中孝介、小野リサ、CHARAなど

URL：https://simplelife.streetvoice.com/

・Wake Up Festival(覺醒音樂祭)

都市：嘉義（野外）

時期：7月1週末（金〜日開催）

動員数：計7万5000人

概要：2010年スタート。8つのステージで国内外から総勢200組のアーティストが出演。

過去出演日本アーティスト：土屋アンナ、CHAI、SEX MACHINEGUNSなど

URL：https://www.facebook.com/wakeupfest/

・Rock In Taichung(搖滾台中)

都市：台中（野外）

時期：9月1週末（土日開催）

動員数：計4万人

概要：2008年スタート。台中市政府主催。入場無料。4つのステージで国内外
から総勢60組のアーティストが出演。
過去出演日本アーティスト：SEX MACHINEGUNS、SPYAIR、Hysteric Lolitaなど
URL：https://www.facebook.com/RockInTaichungMusicFestival/

・Rockbandoh(搖滾辦桌)

都市：台北（野外）
時期：10月3週末（土日）
動員数：計3万人
概要：2011年スタート。台湾の伝統を重んじ、食を楽しみながら見るステー
ジ。4つのステージで国内外から総勢40組のアーティストが出演。
過去出演日本アーティスト：DIR EN GREY、HaKU、Def Tech、BIGMAMA、BACK
-ONなど
URL：https://www.facebook.com/rockbandoh/

・台北ジャズフェスティバル(台北爵士音樂節)

都市：台北（野外）
時期：9月中旬～10月後半
概要：台北市文化局主催。4カ所のステージで国内外から総勢20組のアーティ
ストが出演。
過去出演日本アーティスト：H ZETTRIO、T-SQUAREなど
URL：https://www.taipeijazzfestival.info/

香港
・Clockenflap

都市：香港Central Harbourfront（野外）
時期：11月最終週末（2日間開催）
動員数：計6万人
概要：2008年スタート。9つのステージで国内外から総勢100組以上のアー
ティストが出演。
過去出演日本アーティスト：LOVE PSYCHEDELICO、SEKAI NO OWARI、水曜日の
カンパネラ、トクマルシューゴなど
URL：https://www.clockenflap.com/

韓国

・Pentaport Rock Festival

都市：仁川市（屋内・野外）

時期：7月最終週〜8月初週（3日間開催）

動員数：計4万人

概要：2006年スタート。2つのステージで国内外から総勢60組のアーティストが出演。

過去出演日本アーティスト：氣志團、EGO‐WRAPPIN'、SCANDAL、Crossfaithなど

URL：https://www.facebook.com/pentaport/

・釜山ロックフェスティバル

都市：釜山市（野外）

時期：7月最終週末（2日間開催）

動員数：計2万人

概要：2000年スタート。2019年まで無料だった。2つのステージで国内外から40組のアーティストが出演。

過去出演日本アーティスト：BUMP OF CHICKEN、EGO‐WRAPPIN'、東京スカパラダイスオーケストラなど

URL：https://busanrockfestival.com/

・ソウルジャズフェスティバル

都市：ソウル市（屋内・野外）

時期：5月最終週末（2日間開催）

動員数：計4〜10万人（場所や会期により異なる）

概要：2006年スタート。5つのステージで国内外から総勢60組のアーティストが出演。

URL：http://www.seouljazz.co.kr/

シンガポール

・Mosaic Music Fesitval

都市：シンガポール　（屋内・野外）

時期：3月初旬〜中旬（10日間開催）

動員数：計10万人

概要：2005年スタート。ジャズ、ヒップホップ、ロック、エレクトロニクカなど多様なジャンルのステージあり。無料ステージ含め国内外から総勢100組のアーティストが出演。
過去出演日本アーティスト：SOIL& "PIMP" SESSIONS、東京スカパラダイスオーケストラなど
URL：https://www.esplanade.com/mosaic

·サンダウンフェスティバル

都市：シンガポール（野外）
時期：11月上旬（週末開催）
動員数：計8000人
概要：3つのステージでアジア各国からアーティストが出演。
過去出演日本アーティスト：Crossfaith、EXiNA（西沢幸奏）、SuG、WEAVER、アリス九號など
URL：https://www.sundownfestival.com/

·ZoukOut

都市：セントーサ島（野外）
時期：12月1週末（金土2日開催）
動員数：計5万人
概要：2000年スタートのEDMフェスティバル。5つのステージで欧米中心に総勢10数組のDJが出演。
過去出演日本アーティスト：DJ YAMATOなど
URL：https://www.facebook.com/ZoukOutOfficial/

·Ultra Singapore

都市：マリーナベイ（野外）
時期：6月初旬〜中旬（土日2日間開催）
動員数：計4万人
概要：2015年スタート。3つのステージで欧米中心に40組のDJが出演。
過去出演日本アーティスト：DJ YAMATO、DJ YAKSAなど
URL：https://ultrasingapore.com/previous-lineups/

·Neon Lights

都市：Fort Canning Park（野外）

時期：11月最終週末（2日間開催）

動員数：計4万人

概要：2015年スタート。6つのステージで国内外から総勢40組のアーティストが出演。香港Clockenflapとの相互交流イベント

過去出演日本アーティスト：トクマルシューゴ、Bo Ningenなど

URL：https://www.facebook.com/NeonLightsSingapore/

·SING JAZZ

都市：マリーナベイサンズ（屋内）

時期：4月1週末（3日間開催）

動員数：計2万人

概要：2013年スタート。3つのステージで国内外から総勢12組のアーティストが出演。

URL：https://www.facebook.com/singjazzfestival/

·It's The Ship

都市：シンガポール（船上）

時期：（3日間開催）

動員数：4000人

概要：2014年スタートの船上クルーズEDMイベント。国内外から総勢30組のDJが出演。中国や韓国でも実施。

URL：https://www.facebook.com/itstheship

タイ
·Big Mountain Music Festival

都市：バンコク郊外、カオヤイ（野外）

時期：12月1週末（2日間開催）

動員数：計16万人

概要：2010年スタート。8つのステージで国内外から総勢180組のアーティストが出演。

過去出演日本アーティスト：Suchmos、EGO-WRAPPIN'、FIVE NEW OLDなど

URL：http://www.bigmountainmusicfestival.com/

・ワンダーフルーツフェスティバル
都市：バンコク、パタヤビーチ（野外）
時期：12月中旬（週末〜週明け4日間開催）
概要：2014年スタート。音楽以外にアート、自然など6つのテーマからなる「サステナビリティ（持続性）」を掲げたフェスティバル。
過去出演日本アーティスト：Midori Hirano、Hatis Noitなど
URL：https://wonderfruit.co/

・ホワヒンインターナショナルジャズフェスティバル
都市：ホワヒン（野外）
時期：6月1週末（2日間開催）
動員数：計1万5000人
概要：2001年スタート。1つのステージで国内外から総勢16組のアーティストが出演。
過去出演日本アーティスト：MIMI、The Travelers、Orange Pekoe、Les Freresなど
URL：https://www.facebook.com/huahinjazz/

インドネシア
・JAVA JAZZ FESTIVAL
都市：ジャカルタ（屋内/屋外）
時期：3月1週末（3日間開催）
動員数：計20万人
概要：2005年スタート。17のステージで国内外から総勢150組のアーティストが出演。
過去出演日本アーティスト：T-SQUARE、東京スカパラダイスオーケストラ、渡辺貞夫、上原ひろみ、小野リサなど
URL：https://www.javajazzfestival.com/

・Djakarta Warehouse Project
都市：ジャカルタ（屋内・野外）

時期：12月3週末（3日間開催）
動員数：計10万人
概要：2010年スタートのEDMイベント。国内外から総勢20組のDJが出演。
URL：https://www.facebook.com/DjakartaWarehouseProject/

マレーシア
・Rainforest World Music Festival
都市：サラワク州クチン（野外）
時期：6月3週末（3日間開催）
動員数：約3万人
概要：2005年スタートのワールドミュージックフェスティバル。2つのメインステージで国内外から20組のアーティストが出演。
URL：https://rwmf.net/

・Rockaway Festival
都市：クアラルンプール（野外）
時期：10月2週末（2日間開催）
動員数：計1万人
概要：2つのステージで国内外から総勢30組のアーティストが出演。
過去出演日本アーティスト：Crossfaithなど
URL：https://www.facebook.com/rockawayfest/

2.アニメフェスティバル

中国

·China Joy

都市：上海（屋内）

時期：8月1週末（4日間開催）

動員数：計40万人

概要：2004年スタート。ゲーム、アニメ、コミック、フィギュア、eスポーツなど幅広いエンタメコンテンツを網羅するBtoBおよびBtoC向け博覧会。

過去出演日本アーティスト：fhana、玉置成実、TRUE、TEMPURA KIDZなど

URL：https://www.chinajoy.net/

·中国国際動漫節(CICAF)

都市：杭州（屋内）

時期：4月末～5月上旬（5日間開催）

動員数：計38万人（メイン会場のイベント）

概要：2005年スタート。数日間で2500億円の取引が行われるというBtoC向けイベント。中国版Anime Japan。

URL：https://www.cicaf.com/

·上海ComiCup魔都同人祭

都市：上海（屋内）

時期：年2回（週末2日間開催）

動員数：計3万人

概要：2007年スタート。同人誌イベント。中国版コミケ。

URL：https://www.weibo.com/comicup

·Bilibili Macro Link

都市：北京、上海、広州、成都など主要都市（屋内）

時期：年間通して数回開催（週末開催）

動員数：計10万人

概要：2009年スタート。中国版ニコニコ動画のビリビリ動画が主催するオフラインイベント。ライブ、企業出展ブース、インタラクティブゲームなどが体験できる。

過去出演日本アーティスト：キズナアイ、T.M.Revolution、ももいろクローバーZ、

Aimerなど
URL：https://bml.bilibili.com/

台湾
·Fancy Frontier開拓動漫祭
都市：台北（屋内）
時期：夏と冬の2回（土日2日間開催）
動員数：計6万人
概要：2002年スタート。台湾最大規模の同人誌即売会。
過去出演日本アーティスト：藍井エイル、水瀬いのり、鈴木このみなど
URL：http://www.f-2.com.tw/

香港
·ACGHK（香港動漫電玩節）
都市：香港コンベンション＆エキシビションセンター（屋内・野外）
時期：7月最終週末（週末開催）
動員数：計50万人
概要：1999年スタート。アニメ、漫画、ゲーム、玩具、コレクター商品が一堂に会し、アジア太平洋コスプレカーニバルやコスプレコンテスト、アニメソングのライブ演奏などのさまざまなイベントが催される。
過去出演日本アーティスト：SCANDAL、東京パフォーマンスドール、Little Glee Monster、妄想キャリブレーションなど
URL：https://www.ani-com.hk/

韓国
·Anime X Game Festival
都市：ソウル（屋内）
時期：11月～12月（土日2日開催）
動員数：3万2000人
概要：2018年スタート。韓国で初めて開催された公式のアニメ、ゲームイベント
過去出演日本人アーティスト：ASCA、halcaなど
URL：http://www.agfkorea.com/

シンガポール

・AFA

都市：サンテックコンベンションセンター（屋内）

時期：11月最終週末（週末3日開催）

動員数：計10万人

概要：2008年スタート。東南アジア最大のイベント。タイ、マレーシア、インドネシア、香港でも開催実績あり。

過去出演日本アーティスト：FLOW、水樹奈々、EGOIST、May'n、fripSideなど

URL：https://animefestival.asia/

タイ

・Japan Expo Thailand

都市：バンコク（屋内）

時期：1月または2月（週末3日間開催）

動員数：計50万人

概要：2015年スタート。日本の食、音楽、アニメ、漫画、ファッション、伝統文化を体験できるイベント。

過去出演日本アーティスト：AKB48、Snow Manなど

URL：http://japanexpothailand.co.jp/

フィリピン

・Cosplay Mania

都市：マニラ（屋内）

時期：9月最終週末（土日開催）

動員数：計4万人

概要：2008年スタート。2つのステージで4組の日本人アーティストが出演。

過去出演日本アーティスト：fhana、中島愛、鈴木このみ、EXiNA(西沢幸奏)など

URL：https://www.cosplaymania.com/

・The Best of Anime

都市：マニラ（屋内）

時期：9月（土日開催）

動員数：計3万人

概要：2009年スタート。
過去出演日本アーティスト：SPYAIR、藍井エイルなど
URL：https://thebestofanime.com/

3.業界コンベンション
中国
・Sound of The Xity（影响城市之声）
都市：北京
時期：5月（2020年はコロナ禍により12月初旬にオンライン開催）
概要：中国のプロモーター、モダンスカイ主催のコンベンション。期間中セミナー、
ビジネスマッチング、ショーケースライブが行われる。
過去出演日本アーティスト：OGRE YOU ASSHOLE、折坂悠太、TENDOUJIなど
URL：http://www.sxity.com/

シンガポール
・Music Matters
都市：Ritz Carlton Hotel
時期：9月中旬（昨年はコロナ禍により12月初旬インドネシアでオンライン開催）
概要：セミナー、ショーケースライブ、ビジネスマッチングが行われる。欧米から
のゲスト多数。
過去出演日本アーティスト：Flumpool、Czecho No Republic、The Oral Cigarettes
など
URL：http://musicmatters.asia/

4.主要ライブハウス
中国
・TANGO(糖果)
都市：北京
収容人数：立席900
過去出演日本アーティスト：GARNiDELiA、SCANDAL、DEPAPEPE、大黒摩季など
URL：https://weibo.com/p/1006061281064402

·Omni Space

都市：北京

収容人数：800

過去出演日本アーティスト：Yogee New Waves、indigo la End、ヒトリエなど

URL：https://weibo.com/p/1006062058750403

·バンダイナムコホール(万代南梦宫上海文化中心)

都市：上海

収容人数：ドリームホール（梦想剧场）1200、フューチャーハウス（未来剧场）600

過去出演日本アーティスト：Coldrain、MUCC、SPYAIR、the GazettE、柏木由紀など多数

URL：http://www.bnshbase.com/

·MAO LIVEHOUSE

都市：上海、北京、広州など中国10都市

収容人数：立席1000 / 着席300

過去出演日本アーティスト：OKAMOTO'S、DJ OKAWARI、手嶌葵など

URL：http://mao-music.com/

·MODERN SKY LAB(摩登天空)

都市：上海

収容人数：2000

過去出演日本アーティスト：[ALEXANDROUS]、七尾旅人、向井太一、サカナクション、水曜日のカンパネラなど

URL：https://weibo.com/p/1006066049515680

·VasLive

都市：上海

収容人数：1000

過去出演日本アーティスト：DOES、板野友美、EXiNA(西沢幸奏)、MIYAVIなど

URL：https://weibo.com/p/1006066587141318

·広州中央駅
都市：広州
収容人数：着席800
過去出演日本アーティスト：SEKAI NO OWARI、小林未郁など
URL：https://www.facebook.com/rockhouserock/

·TUTU
都市：広州
収容人数：500
過去出演日本アーティスト：Lamp、SCANDAL、OGRE YOU ASSHOLE、The fin.など
URL：https://site.douban.com/gztutu/

·A8 Live
都市：深圳
収容人数：着席450/立席600
過去出演日本アーティスト：サカナクション、May'n、やなぎなぎなど
URL：https://site.douban.com/248301/

·B10 Live
都市：深圳
収容人数：700
過去出演日本アーティスト：ミツメ、DJ OKAWARI、西原健一郎など
URL：http://b10live.cn/

台湾
·Clapper Studio
都市：台北
収容人数：立席700/着席400
過去出演日本アーティスト：TK from 凛として時雨、鈴村健一、PUFFYなど
URL：https://www.syntrend.com.tw/space/venues.html

·Legacy
都市：台北　＊台北にもう1カ所Legacy Maxと台中にLegacy Taichungもある

収容人数：1000

過去出演日本アーティスト：MUCC、水樹奈々、T.M.Revolutionなど

URL：https://www.legacy.com.tw/page/topic

・Zepp New Taipei

都市：台北

収容人数：2245

過去出演日本アーティスト：無 *コロナ禍オープンにより日本人の渡航公演がまだない

URL：https://www.facebook.com/zeppnewtaipei

・ATT SHOW BOX

都市：台北

収容人数：1000

過去出演日本アーティスト：Aimer、大塚愛、和楽器バンド、宮野真守など

URL：http://www.attshowbox.com.tw/

・花漾Hana展演空間

都市：台北

収容人数：700

過去出演日本アーティスト：BAND-MAID、藤原さくら、布袋寅泰など

URL：https://hanaspace.com.tw/

・THE WALL

都市：台北

収容人数：400

過去出演日本アーティスト：サカナクション、クリープハイプ、向井太一、GLIM SPANKY、SCANDALなど

URL：https://www.facebook.com/thewall.tw

・Neo Studio

都市：台北

収容人数：1000

過去出演日本アーティスト：CHAI、Perfume、Benthamなど

URL：https://www.facebook.com/neostudiotw/

·Corner House角落文創展演中心
都市：台北
収容人数：400
過去出演日本アーティスト：GLIM SPANY、岸田教団&THE明星ロケッツ、bless4
など
URL：https://www.corner-house.com.tw/

·LIVE WAREHOUSE
都市：高雄
収容人数：大1400/小230
過去出演日本アーティスト：the telephones、TOTALFAT、BIGMAMA、THE BACK
HORN、水曜日のカンパネラなど
URL：https://www.facebook.com/livewarehouse/

香港
·Music Zone@E-max
都市：九龍湾国際展貿中心
収容人数：600
過去出演日本アーティスト：[ALEXANDROS]、MAN WITH A MISSION、AI、ゆずなど
URL：https://www.e-maxmusiczone.com.hk/tc/

韓国
·YES 24 Live Hall
都市：ソウル
収容人数：立席2500/着席1090
過去出演日本アーティスト：RADWIMPS、SPYAIRなど
URL：https://yes24livehall.com/

マレーシア
·KL Live
都市：クアラルンプール

収容人数：立席2500/着席900

過去出演日本アーティスト：SCANDAL、[ALEXANDROS]、BABYMETALなど

URL：https://lifecentre.com.my/kl-live-venue/

5.配信チャート（J-POP、アニソン対象）

中国

·QQ(QQ音乐)

https://y.qq.com/n/yqq/toplist/17.html

·Kugou(酷狗音乐)

https://www.kugou.com/yy/rank/home/1-31312.html

·Kuwo(酷我音乐)

https://www.kuwo.cn/rankList

·NetEase Cloud Music(网易云音乐)

https://music.163.com/

台湾

·KK BOX

https://kma.kkbox.com/charts/weekly/album?cate=308

·friday

https://omusic.friday.tw/topchart.php

·MyMusic

https://www.mymusic.net.tw/ux/w/chart/3

韓国

·Melon

https://www.melon.com/chart/week/

あとがき

　20年以上関わってきた海外音楽ビジネスをこうして1冊の本にまとめてみると、いろいろと感慨深い。ここに記載しなかった某アーティストやスタッフとの空港、ホテル、会場で起きた数々のハプニングやエピソードは、ほとんどが公開できない内容なので胸にしまっておくことにする。でも幸運だったのは、これまで居合わせた海外の公演現場で、重大な事故や過ちが1度も起きなかったことだ。自身が直接関わらなかった案件で、出張中スタッフに重大な事故が起きた話を聞いたことがあり、つくづく海外では気を引き締めていかないと、とそのときは自戒をしたものだ。

　仕事とはいえ、公演で海外遠征するからにはアーティスト、スタッフともに楽しく充実したものにしたい。そして、そのためには海外で起こるリスクも考慮に入れつつ、油断なく行動をしたい。

　そして、健康。体調を壊したら海外の思い出はきっとダークな色に塗り替えられてしまう。心身ともに万全の体制で海外公演に臨みたいものだ。

　さて、少しだけ現在のプロジェクトをご紹介したい。

　日本人アーティストの海外興行ブッキングエージェント、ツアーマネジメント業務に加え、起業後新たにアーティストのマネジメント、エージェントを始めることとなった。マネジメントを行うアーティスト名はriroxという女性シンガー・ソングライターだ。『なんだかほっとしたい時に、もう一歩自分の足で踏み出したいときに、ちょっとだけ心が痛いときに、あなたの心にすっと入り込むような歌をお届けします』が信条。心がくじけそうなとき励ますように寄り添う歌詞とポップな楽曲、ささやくような声と物語性に富んだミュージックビデオは老若男女問わず普遍性を有していると思っている。機会があれば、SNSをのぞいてほしい。

　https://twitter.com/rirox_sound
　https://www.youtube.com/c/rirox

　最後に。エピソードの掲載を快諾いただいた、グラシアス小林秀俊さん、マーヴェリックD.C.大石征裕さん、赤丹伸行さん、ROOFTOP多賀英助さん、エイベックス・マネジメント刑部正明さん、ソニー・ミュージックエンタテインメント青木聡さん、SOZOショーン・チンさん、高橋未佳さんをはじめ、関係者の皆様に感謝申し上げる。海外の公演、イベント、フェスティバルでお世話になったアーティストやスタッフ、そして各国のコンサートプロモーターの方々からは実に多くの貴重な経験をいただいた。また、私が海外ビジネスに携わる端緒を生んでくれたソニー・ミュージックエンタテインメントおよびライブエグザムの先輩諸氏にお礼の言葉を伝えたい。そして、ブッキングエージェントのビジネス面をご教示いただいたライブエグザムの杉本圭司さん無しでは、本書は到底執筆できなかった。本書の出版実現に多大なご尽力をいただいた日経BPの伊藤健さん、小林直樹さん、そして最初から私の話に真摯に耳を傾けてくれた吾妻拓さんには感謝してもしきれない。執筆の期間中、不満の一つも言わずひたすら見守ってくれた家族には頭が下がる。そして何よりも、本書に辛抱強くお付き合いいただいた読者に改めて感謝申し上げるとともに、同書が読者にとって海外ビジネスのアクションを生むヒントやきっかけになれば望外の喜びである。いまだコロナ禍の音楽業界ではあるが、少しずつでも回復に向かうよう祈りを込めて筆を置くこととする。

（2021年5月吉日　東京の自宅にて）

著者略歴

関根 直樹 せきね・なおき

インアウトワークス合同会社 CEO
江戸川大学 社会学部 経営社会学科 客員教授
栃木県佐野市出身。1989年上智大学外国語学部英語学科卒。同年、ソニー・ミュージックエンタテインメント入社。邦楽宣伝、洋楽渉外、ニューヨーク大学留学、洋楽制作、邦楽海外マーケティング、ライブエグザム（旧Zeppライブ）出向後、ジャンルにかかわらず日本人アーティストの海外、特にアジア興行のブッキングエージェント、ツアーマネージャー業に携わる。海外ツアーのアーティスト実績は30組以上。翻訳書に「アメリカン・ミュージック・ビジネス」（音楽之友社）、「音楽ビジネス　マーケティング＆プロモーション編」（音楽之友社）、共著に「The Global Music Industry～Three Perspectives～」（Routledge）がある。

●これまでに携わってきたアーティスト、フェスティバル、イベント（順不同）
DEPAPEPE、SCANDAL、LOVE PSYCHEDELICO、アルス・マグナ、GLIM SPANKY、坂本真綾、EXiNA（西沢幸奏）、Aimer、EGOIST、藍井エイル、中孝介、Anime Festival Asia、ANIMAX MUSIX、OxT、CHARAMEL、THE BAWDIES、小林未郁、GARNiDELiA、レ・フレール、剣伎衆かむゐ、大塚 愛、Chay、T-SQUARE、岸田教団&THE明星ロケッツ、打首獄門同好会、MUCC、Coldrain、indigo la End、w-inds.、ペトロールズ、T.M. Revolution、XYZ、bless4、Real Akiba Boyz

インアウトワークス合同会社
URL：www.in-out-works.com

日本のアーティストを売り込め!
実践者が明かす海外攻略の全ノウハウ

2021年6月14日　第1版第1刷発行

著　者　関根 直樹
発行者　杉本 昭彦
発　行　日経BP
発　売　日経BPマーケティング
　　　　〒105-8308　東京都港区虎ノ門4-3-12
　　　　https://www.nikkeibp.co.jp/books/
編　集　小林 直樹（日経クロストレンド）
装　丁　小口 翔平+加瀬 梓（tobufune）
制　作　關根 和彦（QuomodoDESIGN）
印刷・製本　大日本印刷株式会社

ISBN978-4-296-10975-3
Printed in Japan
© Naoki Sekine 2021